U0916803

梅花香自苦寒来

从颠沛流离到民办大学董事长

王淑芳 著

·北京·

内 容 提 要

本书主要讲述了民办高校董事长王淑芳的传奇经历，分为两部分：前半部分讲述了作者小时候到中年时期颠沛流离的生活经历，她为家庭生计而远赴新疆，四处奔波，历尽艰辛，突出了作者顽强不屈的精神；后半部分则展示了王淑芳在父亲的帮助下，在香港努力学习，并和父亲一起创办郑州升达经贸管理学院的经历，表现了王淑芳积极的奉献精神和艰苦奋斗的创业精神。

图书在版编目（CIP）数据

梅花香自苦寒来 : 从颠沛流离到民办大学董事长 / 王淑芳著. -- 北京 : 中国水利水电出版社, 2021.7
ISBN 978-7-5170-9817-1

Ⅰ. ①梅… Ⅱ. ①王… Ⅲ. ①王淑芳一生平事迹 Ⅳ. ①K825.46

中国版本图书馆CIP数据核字(2021)第154346号

书　　名	梅花香自苦寒来：从颠沛流离到民办大学董事长 MEIHUA XIANG ZI KUHAN LAI : CONG DIANPEI-LIULI DAO MINBAN DAXUE DONGSHIZHANG
作　　者	王淑芳　著
出版发行	中国水利水电出版社 （北京市海淀区玉渊潭南路1号D座　100038） 网址：www.waterpub.com.cn E-mail：sales@waterpub.com.cn 电话：（010）68367658（营销中心）
经　　售	北京科水图书销售中心（零售） 电话：（010）88383994、63202643、68545874 全国各地新华书店和相关出版物销售网点
排　　版	北京水利万物传媒有限公司
印　　刷	天津旭非印刷有限公司
规　　格	170mm×240mm　16开本　17.5印张　211千字
版　　次	2021年7月第1版　2021年7月第1次印刷
定　　价	68.00元

序

2016年4月，本人应邀到郑州升达经贸管理学院讲学，受到了王淑芳女士和其子王新奇先生的接待，他们的热情真挚和学校的发展给我留下了深刻的印象。前不久，经学生推荐，我拜读了王淑芳女士撰写的自传《梅花香自苦寒来：从颠沛流离到民办大学董事长》一书，对王淑芳女士的人生经历和办学事迹有了更深的了解。

王淑芳女士现任郑州升达经贸管理学院董事长，是中国台湾著名教育家王广亚先生的长女。广亚老先生的事迹，我早有耳闻。王广亚（1922—2015），河南巩县（今巩义市）人，1947年旅居中国台湾，1949年创立台北育达会计补习学校（现为台北市私立育达高级商业家事职业学校），开始兴教办学；1993年，为回馈桑梓、造福家乡，捐资2亿多元人民币在河南创办了郑州大学升达经贸管理学院（现为郑州升达经贸管理学院）；2004年又在河南巩义创办郑州成功财经学院（现为郑州商学院）；他是改革开放后第一个在中国大陆创办高等教育院校的中国台湾同胞，为中原民办教育事业发展和海峡两岸教育文化交流做出了卓越的贡献。先生曾担任“台湾私立教育协会”理事长近30年，还担任过河南省民办教育协会名誉会长。他先后获得“中国台湾十大杰出教育事业家”“中国台湾技职教育贡献奖”“感动中原60年60人”以及新中国成立

70周年“河南省突出贡献教育人物”特别奖等，被誉为“中原之子”“黄河之子”“百年骄子”。先生从教近70年，在海峡两岸及东南亚共创办学校10所，培养学子百余万人，可谓桃李满天下，蜚声海内外。

王淑芳女士自1947年和父亲分别后，一直在大陆生活。该书比较详尽地记录了她的一生。由于历史原因，王淑芳女士早年历尽磨难，为了一家人的生计，一个十几岁的女孩子过早地承担起家庭生活的重担。她曾20多年奔波于新疆多地，摆过地摊、拉过板车、卖过葡萄干、当过中小学教师等，可谓尝尽了人间百味，直到改革开放后才得以和父亲团聚。

该书结构清晰，叙述直白，语言朴实，情节感人。前半部分主要记述了王淑芳小时候以及从青年到中年时期颠沛流离的生活；后半部分则记录了她和父亲共同创办郑州升达经贸管理学院的经历。正像她自己所说，自己从一个自小漂泊他乡谋生养家的弱女子到如今成为一名高校的董事长，个中艰辛自不必言，可想她付出了多少艰辛与努力！她不仅把郑州升达经贸管理学院办得风生水起，享誉中原，还与父亲一起为社会做了大量的公益事业，在中原有口皆碑。例如：她在任河南省政协委员期间，通过提案等多个渠道为解决全省民办高校教师职称评定，107国道郑州市龙湖段小刘桥常出交通事故等多个民生问题建言献策、奔走呼吁，为群众做了很多好事。

王广亚老先生去世后，王淑芳女士担起了建设发展郑州升达经贸管理学院的重任。她带领全校师生，始终坚持社会主义的办学方向，全面贯彻党和国家的教育方针，为党育人、为国育才；秉承父亲王广亚“伦理、创新、品质、绩效”的办学理念，发扬“爱国爱校、宁静好学、礼让整洁”的升达精神和“勤俭朴实、自力更生”

的升达校训，为社会培养各类应用型人才十万余人。郑州升达经贸管理学院自1993年建校伊始，王淑芳女士就坚持在学校开展爱国主义教育，同时，还始终坚持开展劳动教育，培养大学生良好的卫生习惯和劳动素养，这和我们今天所提倡的大学生必修劳动课是不谋而合的。这都充分说明了在他们心中，深怀着对党和国家的热爱与赤诚，也彰显了他们的远见卓识和拳拳之心。应该说他们为中原的民办教育事业立下了不朽功勋，正如曾到升达视察过的省领导评价的那样："升达是河南省民办教育的一面旗帜。"我还听闻这几年学校喜事接连不断：2018年顺利通过教育部本科教学工作合格评估；2019年被省委省政府授予"河南省文明校园"称号，其他荣誉还有很多。这一切，都是王淑芳女士带领升达全校师生共同奋斗结出的硕果。可以说，王淑芳女士的一生颇具传奇色彩。

时至今日，按照常人的理解，王淑芳女士完全可以坐享其成，安度晚年。但她没有这么做，而是抱着一个中国知识分子特有的使命与责任：居庙堂之高则忧其民，处江湖之远则忧其君。她以赤诚之心，矢志不渝，继续呕心沥血办教育。正像鲁迅先生说的："我们从古以来，就有埋头苦干的人，有拼命硬干的人，有为民请命的人，有舍身求法的人……"他们就是中华民族的脊梁。看了王淑芳女士的这本自传，我觉得我们每个人都应该向王淑芳女士学习，做一个有益于社会、有益于人民的人。

钟秉林

2020年11月1日

引 言

我不知道应该用怎样的一种语言来叙述我所经历的这段历史。我之所以写这样一部自述，只是想客观地还原历史的原貌。在此我可以负责任地告诉读者，书中所记录的每一个历史事件、每一个故事，甚至包括故事里的每一个细节，都是我在各个历史时期亲身经历的真实事件。比如，我幼年时期所经历的家庭变故，青年时期外出谋生颠沛流离的生活，中年时期和父亲共同创办郑州升达经贸管理学院的艰辛历程，以及中晚年我担任学校驻校董事和董事长的全情付出，等等。这一切如今我回忆起来，有历尽磨难时的辛酸和痛苦，也有创业成功时的快乐与幸福。

在《梅花香自苦寒来：从颠沛流离到民办大学董事长》一书即将付梓之际，我捧着这本书的初稿，一遍又一遍地仔细阅读、勘校。虽已时至深夜，但书中的那些人物与事件，再次将我带回过去的岁月中。逝去的年轮，曾经的岁月，令我再次辗转反侧、夜不能寐。往事像电影一样，是如此清晰，一幕幕在我的脑海中再度重演。我也曾不止一次地扪心自问，人这一生到底应该怎样活着？人生的意义究竟是什么？我这一生为社会做了哪些贡献？

我是一个平凡的人，不敢与名人和英雄比肩。我的一生尽管命运多舛，但也算是有了一个圆满的结局，这样我就已经很知足了。

如今，我已至耄耋之年，回顾自己走过的路，虽不曾功勋卓著，但也算是力所能及地为家庭和社会以及教育事业做出了一点贡献。当然，首先我要感谢党的好政策，感谢国家的改革开放，感谢各级政府和领导的大力支持以及社会各界的鼎力相助，才使我有了今天的成绩。在此，我再次向大家表示真挚的感谢与敬意。

其实，作为一个普通人，面对命运有时真的很无奈，特别是对那些生活在社会底层的人而言，生活的魔咒，单凭一己之力是很难打破的，有时你必须去听从命运的安排。生活有时正如作家余华所说："对于那些生活在社会底层的人来说，生活和幸存就是一枚分币的正反两面，它们之间的轻微的分界在于方向的不同。"

我不是一个虚无主义者，我是一个遵从生活实际的人，只有面对现实，才能让一个人在生活中清醒地找到自己的定位。至于如何去探讨人生的意义，那是哲学家思考的范畴。当一个人穷困潦倒、落魄到连生计都难以维系时，是没有资格奢谈"人生"的。"活着"对我而言，曾经一度是那么艰辛，那么痛苦不堪，不过这一切都已成为过往。今天，我们活着的每一个人，只要肯努力，都不会再为生计犯愁。今天的幸福生活和我们所享有的丰富物资，让我们在劳累的工作之余，也可以品着香茗、饮着美酒，像哲学家一样畅谈人生的意义了。

总之，我认为一个人无论成功与否、成就大小，只要你认真地活过，做人做事不愧对自己的良心，就算你这辈子没有白活。

王淑芳

2020年暑月

目 录

天空虽不曾留下痕迹，但我已飞过。

——泰戈尔

第一章

我的童年

童年，是一个充满梦幻而又色彩斑斓的时期。在文人的笔下，童年就像糖果一样甜蜜，像百合一样纯洁，像花园一样美丽。然而，我的童年却偏偏赶上了一个社会动荡与变革的时代。在这个时期，我经历了人生中的酸甜苦辣和生活变故，曾经优裕的家境，和父亲在南京生活的喜悦，这一切，都随着家庭的变故不复存在了。

所以，童年带给我的感受是双重的：既是金色的，又是灰白的；既是美丽的，又是凄凉的；既是幸福的，又是多难的。不过我认为，童年无论是贫穷还是富有，都是一笔宝贵的人生财富。

苦难，是人生的一所大学，不幸是人生的老师。我非常相信一句话："上帝为你关上一扇门，就会为你打开一扇窗。"我的童年虽遭遇了种种不幸，但也锻炼了我的意志，磨炼了我的性格，让我积蓄了人生的勇气和能量。

一　家乡：海上桥村

我的家乡在河南省巩义市大峪沟镇海上桥村。巩义市是河南省省会郑州市管辖的县级市，原名巩县，1991年9月1日撤县建市后改为巩义市。家乡巩义地处中原腹地的河洛丘陵山地，北临九曲黄河，南依中岳嵩山，西接九朝古都洛阳，东连河南省省会郑州，是一个物产丰富、交通便利、文化底蕴丰厚、地理位置优越的地方。

海上桥村是一个约有2500人口的村落，位于310国道北3公里处，耕地面积2865亩，区域面积约6.7平方千米。这里人杰地灵，有文字记载，古时候这里古木参天，山色秀丽，石奇泉美。传说一个叫田净

▲　海上桥村貌图

意的仙人就曾居住在这里。从地理位置上看，这里和“海”并没有什么关系，村名何以称之为“海上桥”？在巩义市市政府的网站上刊有一篇文章，文中提到海上桥名字的由来：传说在古时候，村里有一眼翻花泉，泉底直通大海，当地人在泉上搭桥，便有了海上桥的村名。现在，村里既没有“海”也没有“桥”了，清泉也早已枯竭，只留下了村名和传说中的故事。

现在走进海上桥村，你会看到一个坐北向南的小山坳，远远望去，此山坳活像一把偌大的罗圈椅，北高南低，东西北三面被山环绕。以前，岭上修有寨墙、寨门，彰显着一方村民的富足与威严。现在，寨墙、寨门没了，但寨内仍存有大面积砖瓦结构的清代城堡式的民居建筑群，皆为王氏村民所居，有的建筑距今已有200多年的历史。诸多的民居院落，皆为二进或三进式的四合院。院内配以厢房、跨房、大房以及门楼，气势宏伟，雕梁画栋，古色古香。2007年12月，巩义市人民政府公布，海上桥村王氏民居建筑群，为第二批文物保护单位。

据村里老辈人讲，我家原是明朝洪武、永乐年间从山西洪洞县大槐树下迁徙来的。海上桥村的王姓和刘姓两大家族一起落户这里，屈指算来至今已有600多年的历史。

海上桥村村民勤劳朴实，民风淳朴，文化底蕴深厚。据《巩义史话》记载，早在1000多年以前，巩县的中医学就起源于海上桥。中华人民共和国成立前，海上桥村创办的私塾在全县也颇有名气。“乐善好施”“武魁”“居仁有义”“德披闾里”“刚方端严”“术妙丹溪”“着手生春”……从清代至今，海上桥村王氏家族中人才辈出，因此曾获得上百块社会各界捐赠、颂扬或感恩的匾额。我的父亲——中国台湾著名教育家王广亚就出生在这里。

2010年，我的父亲王广亚先生回馈桑梓，出资在家乡海上桥村建设了文化大院、文化广场、医疗保健中心、老年人活动中心等场所与设施。一栋栋建筑拔地而起，飞檐流彩，黄瓦红墙，富丽堂皇，蔚为壮观，为海上桥村增添了浓重的文化氛围，成为大峪沟镇和巩义市农村文化的一个金光闪闪的亮点。县镇许多文化娱乐活动都在这里举行，不仅呈现出一派社会主义新农村欣欣向荣的气象，还大大地促进了海上桥村文化事业的建设与发展。

2013年，巩义市、大峪沟镇、海上桥村三级政府投资50万元，在海上桥村创办了大学生写生基地。随后，清华大学、中央美术学院、河南大学等十余所全国著名高等院校在这里设立了美术实习基地。基地建成以来，已有3000人次师生前来基地写生创作。

二　家族与亲人

1941年8月，我出生时，家里有曾祖母、爷爷、奶奶、三个姑姑、父亲、母亲、叔叔。父亲排行老三，三姑排行老四，叔叔最小，排行老五。父亲王广亚是长子长孙，我是父母的长女。我出生之后，家中成了四世同堂。当时家境优裕，太奶奶以及爷爷奶奶视我为掌上明珠。

我的曾祖母虽是一位普通的农家女子，但她天资聪慧，从小跟乡村先生念过书，识得一些字。所以她经常教我父亲学儿歌、唱小曲、背古诗，给我父亲讲故事。听父亲说，有不少古诗都是曾祖母教会他的，如孟浩然的《春晓》、李绅的《悯农》等。曾祖母还给父亲讲“牛郎织女”“嫦娥奔月”等神话故事。可以说曾祖母就是父亲的启蒙老师。

我的祖父王家升兄妹7人，祖父是单丁。祖父小时候读了一年半私塾，学了《百家姓》《三字经》，还读了半部《论语》，革命前辈刘锡吾当时是校长。后来祖父在村里又大力支持办学堂，所以我们家一直有着“耕读传家”的美誉。由于曾祖父去世得早，祖父早早就挑起了家庭的重担。不过，祖父决心要把我父亲和我叔叔培养成读书人，以光宗耀祖。所以，祖父对父亲、叔叔他们求学不惜钱财并寄予厚望。

▲ 祖父王家升

▲ 祖母刘兰

我的祖母刘氏，18岁嫁至王家，与祖父结婚时祖父15岁。祖母勤劳朴实，天性善良。祖母的娘家在海上桥村的邻村，其家庭以农代商，家境殷实。祖母嫁至王家后，说话轻声细语，对婆婆毕恭毕敬、百般体贴，每天清早去婆婆床前请安；每天晚上给婆婆烧洗脚水、洗脚。平时，曾祖母不跟全家人吃一锅饭，祖母就给曾祖母另开小灶，而全家人吃的是玉米面糁糠的窝窝头。祖母乐善好施，每遇荒年，她都热心协助祖父布施济贫，在十里八乡皆有美誉。后来日本侵犯中原，四处扫荡，无安宁之处。为了尊奉祖父“求得富贵功名”“千难万难，必须读书”的家训，父亲和他的同学辗转多地求学。开始是在洛阳关林的一所私立中学，这个学校关闭后，又到开封寺后街的一所中学读书。由于日本侵略者的进犯，没过多久，父亲就和十几名同学组成一支流亡学生队伍，由老师带领，南下至南阳内乡育德中学继续求学。后来又跑到四川投笔从戎，在重庆参加了抗战训练班，为抗战服务尽力。

我的母亲张坤俊可谓名门闺秀，幼年念过“四书五经”，能书善画，写得一手好字。12岁时习针线、学刺绣，掌握了一套刺绣的本领。我外婆家在巩义市琉璃庙沟村（今巩义市新中镇），那时，外婆家也是四世同堂，是村里有名的大户。在我的记忆中，外婆家家境很好，但凡走亲戚到外婆家去，常常能吃到好吃的，不仅有鸡鸭鱼肉，还能吃到山珍海味。我外祖父张纯岳曾在北京某大学就读深造，后回故里从事教育工作，我父亲就当过他的门生。母亲常对我说：“张氏先祖，家有举人功名，历代均是书香门第。”到晚清时期，外婆家转而经营矿业，成为巩义四大富户之一。父母婚配，在当时父亲应还算是攀了高枝。然而，自母亲嫁到王家后，由于家境变故，她勤俭持家，忍辱负重，长期经受着常人难以忍受的苦难与折磨。母亲在我们家和我的心中，真的是一位了不起的伟大女性，是一个巾帼英雄。

我的叔父王万兴，1927年出生，比我父亲小5岁。父亲曾用名是王万林，和叔父都是“万”字辈，“万兴”意为发家致富。“王广亚”是父亲后来改的名字。叔父一生跟随父亲，对父亲非常崇拜。早年，由父亲供养上学，后来，他也到中国台湾协助父亲办学，为父亲的教育事业立下了汗马功劳。叔父赴台之前，在祖父的强制之下与婶母成亲，育有一子叫王长强。中华人民共和国刚成立时，婶母就留下儿子长强，改嫁他乡，长强一直由我母亲和祖母抚养。1984年，叔父赴美考察，不幸遭遇车祸罹难。

我的三个姑姑：大姑早年出嫁，婆家是邻村柏林村的。大姑父是老实本分的农民，我们家遭遇磨难之后，家中的7亩薄田，都是大姑父年年帮忙代耕代种，所有收获都送到我们家中。平时大姑常常给我们送些吃的，孝敬曾祖母、祖母。二姑神志不是很清，嫁人后不久就落井身亡了。三姑早年被送给了我的姑奶家，婆家是邻村大黄冶村的。三姑对我也很亲，我在她们村上高小时，中午让我到她家吃饭，给我做好吃的，至今我仍谨记于心。

三　与父亲在南京的短暂日子

父亲1939年和母亲结婚的，母亲比父亲大3岁。婚后，父亲即离家外出求学，最后在重庆参加了“战地政务培训班”，为抗战宣

▲ 父亲王广亚年轻时的照片

传服务。再后来，经由巩县籍的同乡、时任国民政府检察院院长于右任的秘书刘延涛先生介绍，父亲到南京国民政府审计署当了一名小职员。1945年，我与妹妹念文随母亲来到父亲身边，住在南京市鸣羊街25号院。

父亲在南京工作时，薪水微薄，需要养活母亲、叔叔、我和妹妹全家5口人，还要供叔叔上学。那时常有老家亲戚来南京找工作，吃住也都在我们家。因此，本来不宽裕的生活，时常捉襟见肘。然而，母亲并没有因为家中人多、负担重而烦恼，生活艰难时，就将结婚时娘家陪嫁的首饰、细软变卖，借以维持生计。北方人爱吃水饺，记得母亲常买些青菜，给我们包饺子来改善生活。

有一件小事我至今记忆犹新，有一次，母亲让我到附近去买面条，回来的路上，有一个男子迎面走来，他身穿长袍，头戴礼帽，说是我父亲的朋友，并说要给我买糖吃，我正准备随他去时，忽然听到母亲唤我，便扭头跑回家中。回家后母亲对我严加训斥，之后又千嘱咐万叮咛，不可任意接受不相识人之物，要我谨记于心。

在南京，父亲天天忙于公务，但下班一回到家中，就把我抱起来，高高举过头顶，扛在肩上，还经常在周末带我出去玩，去商店买玩具和学习用品。父亲尤其关心我的学习，说要把我培养成一个小才女。他给我买画书、教我背古诗，如“锄禾日当午，汗滴禾下土。谁知盘中餐，粒粒皆辛苦”“离离原上草，一岁一枯荣。野火烧不尽，春风吹又生”……这些朗朗上口的古诗，至今都还印在我

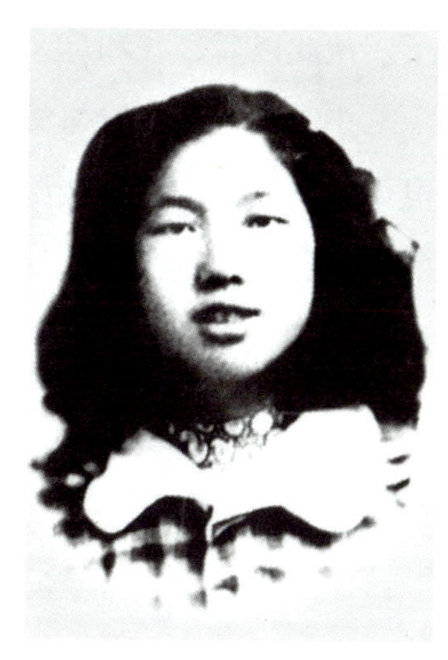
▲ 我的中学照片

的脑海里。父亲还教我背《三字经》，给我讲孔融四岁让梨和黄香九龄暖席的故事。父亲特别要求我“亲师友，学礼仪”，他常说：“人不知礼，难以立身！”

有一次，父亲带我去中山陵，一路上给我讲孙中山先生的故事，讲完后还问我：“孙中山为啥要革命呢？”当我天真地学着父亲的河南腔调说“为民众”时，父亲高兴地将我高高举起。有一天父亲无意之中看见院子墙角处有一只蜘蛛在织网，就悄悄摆手叫我过去同他一起观察。我睁大双眼好奇地望着，只见那只蜘蛛，忙个不停地在吐丝织网，忽而掉下来，它却不顾疼痛，不急不躁地顺着一根细丝迅速爬了上去。它织呀织呀，终于把自己的大网织好了，之后它得意地蹲守在网中，等待猎物的到来。父亲问我：“好玩不？”“好玩！”我笑着回答。此时，父亲非常认真地对我说：“你长大了，要想生活，要想干大事，就要像小蜘蛛那样，不怕苦，有毅力。”我似懂非懂地点了点头。

1947年，南京处于一片战乱之中。受时局所迫，父亲无法照顾我、妹妹和母亲，就让叔父护送我们暂回河南老家。在南京火车站，父亲送我们上车前，交给母亲一包书，里面大部分都是以前他教我用的童谣、古诗词、《三字经》《百家姓》等启蒙读本，并叮嘱母亲：“到家后，一定要让淑望（我的曾用名）好好读书，将来会有用的。”火车缓缓开动了，父亲在站台上向我们挥手，母亲眼中含着泪花没有言语。当时我哭着叫着要父亲，直到望不见父亲的身影。回到海上桥村后，因为一路奔波劳累，妹妹生病，不久便夭折了。从此以后，我和母亲就过上了与父亲天各一方的日子。

小时候，虽然我与父亲一起生活的时间很短，但在我幼小的心灵中，已刻下了对父亲深刻的印象——他那高大的形象，英俊潇洒的气魄，还有他对我的关心与疼爱，都深深地珍藏在我的心底，激励我成长。

四 求学经历

父亲教育学生时常说：“少年重学习，青年重修养，壮年讲功力，老年讲境界。”因此，小时候家里对我的学习就非常重视，我的求学经历主要有以下几个阶段。

与母亲跟随父亲在南京居住的后期，在南京接受早期学前教育。叔叔王万兴在南京时经常教我读书、写字、背乘法口诀表，给我批改作业。

从南京回到家乡海上桥村后，母亲送我到本村读初小，初小毕业后又到邻村大黄冶村读至高小毕业。后来，因为家中发生变故，我在家里一边读书，一边帮助家里干农活，在月光下背课文，在煤油灯下写字、做作业。家里买不起整瓶的墨水，我就买颜料块自己冲墨水写字。那时，父亲杳无音信。随着年龄的增长，我对父亲的思念与日俱增，并把这种思念化为无形的力量，面对艰难的生活毫不畏惧，尤其是牢牢记着父亲“好好读书”的教诲，刻苦学习。我没有辜负父亲的期望，学习成绩一直很好。

有一次在学校里，有几个同学指指戳戳，并看着我在小声议论着什么。后来，一位同学低声告诉我说：“你祖父在县里被杀了！”当时我不相信，放学回到家中，才知道这个信息是真的。我受到沉重打击，学习受到影响，不久就辍学回家了。一年后又复学，参加了小升初考试，在十几人选一的情况下，我以优异的成绩考取了巩县二中（现巩义市第二中学）。巩县二中是全县有名的中学，当时能考上实属不易。收到录取通知书后，全家人都为我高兴。这不仅是我们家以及全家族的骄傲，也是全村的骄傲。我祖母及母亲为了给我筹措学费，披星戴月，往返山路去石河道里砸石子。石河道，顾名思义，雨天山洪暴发是河，晴天就是石头。石河道的石头，可供铁路铺设枕木，凡石是宝，大小有价，砸碎一立方，似拳头大3角钱，似鸡蛋大5角钱，似枣大的一元。如果两个人辛辛苦苦干一天，中午不回家，一般可以挣一元钱。中午用餐，只有糠馍菜饼加凉水充饥。她们每天清晨四五点钟便起床，简单收拾一下就去石河道里砸石子。祖母以三寸金莲的小脚往返，脚都走肿了，她们忍辱负重，为的是让我读书。

我的一个远房堂哥王长凯，当时在开封市合作社工作，闻讯后专程请假回来向我祝贺，特意买了一块印有红花的洋布送给我，并嘱咐我一定要好好学习，为家族争光。母亲赶忙为我裁制了一件新衣服，这件事我至今记忆犹新，当时我高兴得一夜没睡。

到县城上学，这是我第一次出远门，心情非常激动。到了学校，感到什么都新鲜，不仅学习语文、数学，还有地理、历史、生物课程。清早，老师还带学生跑操。由于我家中困难，学校还给我发放助学金，在学校食堂可以吃到白面馍馍。在这里，我和同学们一起学习，不仅找到了学习的快乐，也找回了做人的尊严。一次上生物课时，老师问豆类植物为什么不用上肥？我和同学们都举手回答，最后只有我一人答对。老师和同学们向我投以敬佩的目光。

然而，当看到别的同学都有父亲来看望时，我就不由得一阵心酸，眼泪夺眶而下。我会突然想到父亲，常在心里默念，父亲，您在哪里？在学校，有同学也经常问我，每当此时我总是搪塞几句，转身而去。不过正是这一点，更激发了我的学习热情。感谢父亲，是他培养了我坚强的性格。我以此为动力，刻苦读书，以优异的成绩完成了中学学业。

五　我要去新疆

1961年，我已是个20岁的大姑娘了。我虽然是个女孩子，但环境的考验、生活的磨炼、家中困苦的生计，让我早早地懂得了家庭的责任。求生、挣钱、孝敬长辈等许多问题让我不断思索，“花木兰替父从军”的故事一直在我脑海里闪现。我下定决心：要“撑起王家的门面”！

之前，听一位同学说过，新疆地广人稀，很富庶，到那里好找工作，能打工挣钱，工资也高。有一天，我在床上躺着，看见一只大蜘蛛从我家窑洞的墙上爬过，我立刻想到在南京时父亲让我观察蜘蛛织网的一幕。我嗖的一下从床上坐了起来，自言自语道：“去新疆！新疆就是我挣钱、为之奋斗、实现孝道的地方。”

外出求生，远走他乡，出去闯荡，这本来应该是男孩子做的事。可是，由我母亲一手带大的堂弟王长强，胆子特别小，不敢出门，我母亲又娇惯他。而我什么都不怕，吃过很多苦，性格比较坚强，为母亲尽孝、挑起家庭生活的重担，我责无旁贷。虽然舍不得撇下孤苦伶仃的母亲，但为了一家人的生计，我还是横下心出去闯荡。于是，我先是想尽办法给母亲搞到一些粗粮，随后，便瞒着母亲偷偷离开家，只身一人向新疆奔去。

第二章

23年的艰辛生活

磨难，对于弱者是走向死亡的坟墓，而对于强者则是生发壮志的泥土。

——卢梭

记得以前我读过这样一首小诗：

天空不会永远蔚蓝，道路不会永远平坦，当命运把你无情地抛向谷底，那是人生对你的最大考验；挫折来了，用“坚强”抗击；困难临头，派“意志”出战。

我十分欣赏这首诗。本来应是十岁不愁、二十不悔、三十而立……然而，在我20岁的时候，命运给我开了一个大大的玩笑，那是我人生最悲酸、最困惑、最无助的阶段。但是，我没有被命运打垮，义无反顾地奔向了新疆，接受考验，寻求新生。

在我的人生中，有23年的时间是在新疆度过的，我把新疆当作我的第二个故乡。这里有我的蹒跚足迹，有我的心血与汗水，有我的呻吟和呼喊，有我许许多多难以忘怀的记忆。当然，也有我的欢乐与幸福。

一　扒车乞讨

在家千日好，出门一时难。我没有出过远门，去新疆怎么走？自己心里也不清楚。不过，我听村里的大人说过，大凡西走新疆的人都是“扒火车”。这虽不是光明正大之事，但是苦难临头，逃荒救命，也只能这么做了。

陇海铁路（站街）汜水火车站，每天凌晨3点有西去的火车比较好上。从海上桥村到车站有六七里远，需要翻过3座小山。因此，我在半夜就偷偷起床摸黑前往。结果前几次都没有成功，一次是去晚了，车已经开走了；一次是把关太严，没上去。第三次，我佯装送人，随着拥挤的客流，忐忐忑忑地挤上了火车。那个时候穷人多，逃票的大有人在，即使这样，我还是提心吊胆地蜷曲在车厢的一隅。

在列车上，列车员每隔几个小时就要查一次票。小时候跟奶奶要饭时我得出一个结论：在社会上还是好心人多。有的列车员也是睁一只眼闭一只眼，看到我们这些面黄肌瘦、饥肠辘辘逃票的穷孩子，表面上严肃地说我们几句，就放我们过关了。遇到较真的列车员，就提前跑到厕所里躲一阵子，有时居然也能奏效。也有一次被劝下车。不过，这并没有动摇我去新疆的决心，很快，我就想法子上了另一趟西去的列车。

忍着饥饿，强打精神，两天两夜的火车到了西安。几天没吃饭的我已经精疲力尽。此时，我想到了改嫁到西安的婶子，叔叔王万兴的前妻。一是想去混顿饭吃，二是求她给点零花钱，以应对去新疆途中的困难。到了婶子家，我诉说了老家的情景，得到了婶子一家人的同情，不仅让我饱饱地吃了一顿饭，临走时，何叔叔还给了我20块钱，令我感激万分。

我又扒火车到了兰州。饥肠辘辘的我到铁路边的一个小饭馆，买了一碗面条，还没来得及吃，就被一个蓬头垢面的中年男子伸手把碗里的面条抓走了。之后便狼吞虎咽地吃了下去，看样子他也饿极了。我曾经看到过抢馒头、抢包子、抢水果的，从碗里

“抢抓面条吃”的事之前还从没遇见过。更倒霉的是在我买面条时，被一个小偷盯上了，何叔叔给我的那20元钱，买碗面条花了一毛钱，剩下的全被偷走了。一下子犹如晴天霹雳，我坐在马路边号啕大哭，天哪，你为何这样对我。

冷静下来之后，我又继续扒火车西行。铁路不通的地段就扒汽车，不管是拉煤车，还是拉其他货物的车，我见车就扒。途中，饥饿难忍时，挨家挨户去要饭，去小饭馆拣别人的菜汤剩饭吃……历尽千难万险，半个月之后，我终于到了梦寐以求的乌鲁木齐，多少天压在心头的雾霾，一下子被驱散了。此时，感觉新疆的大地是如此的广阔，天空是这样的湛蓝，空气是这么的新鲜，我深深地吸了一口气。霎时，我宛如一只刚刚出笼的小鸟，在天空中自由自在地翱翔。

二　贵人相助

乌鲁木齐是新疆维吾尔自治区首府，是我国最西部的一座大城市，这里有令人垂涎的哈密瓜，有奇异的民族风情。当然，更令我心动的是，这里有许多农场、工厂、商铺和工作坊，我可以在这里找到工作，找到安身之处。

此时此刻，我一心只想尽快找到工作，尽快挣到钱寄回家中，好让母亲、弟弟他们能吃饱穿暖。我不顾疲劳与饥饿，迫不及待地走上街头，四处打听哪里有活干？哪里可以打零工？就这样，在街道上我四处寻问，每天从太阳升起到日落西山。一天，望着落日，我突然想到了远方的亲人，想到了家乡，不禁悲喜交集、热泪盈眶。人言落日是天涯，望断天涯哪是家？我的故乡在哪里？

现实和想象总是相差甚远，找工作并不是一帆风顺的。接连好几天，我去了好多地方，不是遭到轰赶，就是被拒绝，令我十分沮丧。这时，有位好心人告诉我附近有一个农场正好有活干，于是，我来到这个农场。在那里，我幸运地碰到了一位慈眉善目的中年妇女。当时没有问她叫什么名字，至今我也不知她姓甚名谁，从外表看，好像是一位普通干部，我称她为大娘。交谈中，我了解到大娘是河南叶县人，有个儿子在昌吉。大娘说话十分和气，对我特别热情、亲切。“老乡见老乡，两眼泪汪汪”，我的眼泪一下子涌了出来。听了我的诉求之后，她说农场刚刚招过人，现在要求很严，她也无能为力。她问我为什么到新疆来了？我向她毫无保留地诉说了河南遭受严重灾害、家乡饿死人等情况，她马上从口袋里掏出30元钱给我，让我寄回家中，我几次推脱、谢绝，她紧紧地抓住我的手说：“闺女，钱也不多，快寄回家，救救家里人吧！”接过这30元钱，我感动得再次流下了热泪。30元钱哪！这对当时的我来说，就是一个天文数字，寄到家中能买多少粮食！够我母亲他们吃上半年了，这可是救命钱啊！我真的是遇到贵人了！我如获至宝地立即把这30元钱寄到了家中。后来母亲来信说，收到钱后立即买了粮食，不仅让我们家，还有我姑姑家、姨妈家都熬过了难关。

在新疆，天天惦记着、念叨着这位大娘，我一次次地祈祷，保佑她以及她的家人平安。后来，我在新疆有了工作、有了住所之后，就去那个农场找她谢恩。当我专程赶到农场时，问了好几个人，都说这个人可能调到昌吉市了，让我大失所望。再后来，只要遇到昌吉人，我都向他描述大娘的模样、身材，去打听寻找，然而，一直没有音信、没有结果。这件事成了我一生的遗憾。不过，在我内心深处，时时刻刻铭记着这份恩情。为了感恩，许多年后，我在大娘当时所在的农场捐资建了一个卫生所，以答谢这位我至今不知姓名的恩人。

三　水定、玛纳斯的艰辛生活

在伊犁，找工作一直没有着落。直到1962年，一个河南老乡告诉我，在城市是很难找到工作的，你得到县城去，到农村和农场去，那里有的是活干，工作不难找到。我觉得他说的很有道理。于是，在他的热情帮助与引导下，我来到了伊宁市西北方的水定县谋生。

水定县在伊宁市的西北角，距霍城很近（后来划给霍城管辖），是一个农牧结合的边境县。到了水定，我借了一辆架子车，帮别人拉煤，干了一段时间，感觉这活又脏又累不说，挣钱也不多，很快就放弃了。后来到一个农场打工，同样是忙忙碌碌挣不了几个钱，因为那里太穷。之后，我到了乌鲁木齐偏西北方的新疆昌吉回族自治州的玛纳斯县。

玛纳斯县位于新疆维吾尔自治区中北部、准噶尔盆地南部，是一个半山区。玛纳斯县距石河子市仅有15千米，南部为天山山脉，北部为古尔班通古特沙漠区和丘陵地区，也是优良的夏牧场；中部为冲积平原区，是该县主要粮产区。在这里生活，比水定县要好些。来到玛纳斯，经朋友介绍，我认识了河南扶沟县的老于，他是个木匠，人本分老实，我们彼此情投意合，不久我和老于就结婚成家了。我们在一起生活了8年，日子虽然苦了点，生活也不怎么富足，但我们感情很好，婚后我们有了4个男孩。遗憾的是在“文化大革命”后期，老于就去世了。

俗话说："老天爷饿不死瞎家雀儿。"在玛纳斯，我以蜘蛛为镜，坚定了生活的信念，什么都学，什么都干，不怕苦，不怕累，跌倒了就再爬起来，失败了就再从头干。我只有一个目的：学本领，挣钱养家。

功夫不负有心人。我不但学会了种菜、养猪、喂羊，还学会了理发、裁缝、接生。虽然忙了点、累了点，但生活很充实，收获也不小，我感到很幸福。麦收季节，农场用收割机割麦子，常有不少麦穗落在田里，我就去田地里捡麦穗，回家后用手加工成麦粒，再拿去卖了换钱。每逢假日，我要进城去做些小生意，赚点小钱补贴家用。不仅养活了孩子，还年年积攒钱寄回河南老家。那些年我虽辛苦，但从中我领悟到"让梨暖席"的快活人生。

四 在新疆当裁缝

1970年，我从玛纳斯县搬到属于吐鲁番市管辖的鄯善县居住，这是我在新疆求生的最后落脚点。1971年，我的四儿子就是在这里出生的，所以给他起名为"王新鄯"。屈指算来，我们在新疆鄯善县住了14年，一直到1984年移居香港。

这个时候，我的家庭生活负担特别沉重，一是老于经常不在家，家中生活指望不上他；二是我有4个正能吃、正在长个头的儿子；三是我要给老家寄钱，除了母亲家外，还有姑妈家、姨妈家。姑父、姨父不仅是亲戚，还是我们家最困难时期的救命恩人，我要尽力去报答他们、接济他们。因此到了鄯善之后，我又操起了我的"裁缝"活计。

小时候，我跟母亲学过一些针线活，独立生活和成家之后，也学会了给家里大人小孩做衣服。开始时是手工缝制，后来省吃俭用，买了一台缝纫机，我做衣服的手艺逐渐提高，周围人都夸我衣服做得好。慢慢地左邻右舍、熟人朋友也都来让我帮忙做衣服。做好衣服后，他们常常给我手工钱。没想到，这也成了我后来挣钱的行当。做衣服能挣钱了，我心里特别高兴！

为了把衣服缝制得更精致、美观，我买了关于缝制衣服的书籍，认真阅读，仔细琢磨，不断实践。最初我只会做些简单的内衣、布衫、裙子，到后来，还会做制服、学生装、中山装，再后来，棉衣裤、棉大衣做得也得心应手。由于衣服做得时尚、精致，渐渐地在当地我成了小有名气的裁缝师傅，大家都说我是“乌鲁木齐的缝纫师”，吸引着农场及周围更多的人来缝制衣服。

白天到农场干活，晚上等孩子们都睡下以后，我就操起缝纫副业，经常熬到深夜一两点钟。干裁缝虽然挣钱，可就是太麻烦、太辛苦，需要量体、排料、剪裁、缝制，还有开扣眼、钉扣子、锁边……困了，我就闭会儿眼或者洗把脸，忍着眼睛的酸痛继续干；衣服缝坏了，得拆了重新再缝，每件衣服、一针一线都是我的心血！当做好一件衣服，顾客满意地取走之后，我就感到十分欣慰。

做衣服的报酬是相当可观的。那时，每缝一件衣服，少则可以拿到几毛钱，多则有一两块钱。一个月下来，能挣上二三十元钱，差不多是我农场工资的一多半。除了养活孩子们，每一两个月我都要给老家母亲、姨父、姑父家中寄一次钱。每寄一次钱，就想着我尽到了孝敬亲人的职责，就感到那些日日夜夜的操劳、辛苦没有白费，我为此感到很骄傲。

五　卖葡萄干

▲　新疆葡萄

俗话说，“靠山吃山，靠水吃水”“一方水土养一方人”。鄯善县位于新疆天山山脉东部的吐鲁番盆地东段，距乌鲁木齐市280千米，东接哈密。这里是新疆哈密瓜和葡萄的盛产区。鄯善夏季炎热，冬季寒冷，昼夜温差大，日照长，雨水充足。受天气、地理环境的影响，对瓜果、棉花等农作物的生长极为有利，尤其是瓜果品质好，含糖量极高。因此，鄯善的葡萄、瓜果颇负盛名。

来到这块富饶的地方，我们家庭的生活开始得到改善，不光是因为这里物产丰富，还有一个重要原因就是，在那个时候私有经济已不再受到严格的限制，老百姓可以开点小片荒、搞点副业，没有人再说三道四。于是，为了提高家庭的生活水平，我就利用当地的土特产资源，去鄯善火车站卖葡萄干。把我们家每年分到的葡萄干，或收购一点儿村民的葡萄干，拿到鄯善火车站去卖给东来西往的旅客，一斤能赚上一角钱。我带上半口袋葡萄干，卖完能赚上四五块钱，非常实惠，但也着实辛苦。

鄯善火车站在我家北边，有25千米远，一路慢上坡，还有几个大坎。每天清晨，天不亮我就起床，趁孩子们都还睡着，骑上自行车、带着葡萄干摸黑上路。在通往鄯善火车站的道路两旁，是一片戈壁滩，还要经过一片墓地，令人非常害怕。我常常是提心吊胆地通过。路上，若是能遇上当地赶毛驴车上山拉煤的维吾尔老乡，我就会感到很轻松。沿途道路不平，我沿着车轱辘印前行，既不怕迷失方向，也省力；遇到坡陡的地方，蹬不动，就下车推着走。到了鄯善火车站，天刚好大亮，顺利的话，一个多小时就卖完了；运气不好的话，两三个小时也能卖完。

有一次，我感冒发烧、浑身乏力。头天晚上我犹犹豫豫，问自己明天还去不去卖葡萄干？“不去了，病还没有完全好。”然而，第二天凌晨醒来，想到家里4个孩子需要养活，他们都正在长身体，还要上学，还有家中的老母亲，想到这里，我浑身充满了力量，于是，就提起精神把葡萄干绑到自行车上就出门了。途中，我累得休息了好几次，但仍咬紧牙关坚持着，并不断地鼓励自己，坚持！坚持！当我卖完葡萄干，拿到挣到的钱时，心里有种说不出的高兴。为这个家奔波、劳累，一切辛苦都飞到了九霄云外。

六　山洪历险记

在鄯善县的主要工作是参加农场劳动，种棉花、葡萄，靠挣工分生活。因为家里孩子多，为生活所迫，除了做缝纫、卖葡萄干以外，每到周末，我还常去做小生意，批发一些皮包（手提包）到附近的集市上去卖。

卖皮包是有风险的。清早出门的时候，所经过的河套石子河还是干的，山洪一下来，就挡住了去路。有时河水没过了膝盖，骑车不行，我就推着车子，或者扛着车子，越过河水。

有一次，卖完皮包回家，我正在河套里走着，看到从河沟的上游有水缓缓流下。我先把自行车放到高坡上，去试探一下河沟里的水有多深，就在这时，山洪突然袭来，水势很大，刹那间就到了齐腰深、胸口深……我急忙爬到附近的一块大石头上，双手紧紧地抱着石头不敢动弹，两条腿浸泡在水中。肆虐的洪水就在身边哗哗流淌，还在慢慢上涨。我双手抱着石头，心里十分害怕更大的山洪把我冲走，口里一直祈祷。我想到了远在老家的母亲，想到家中未长大的孩子，心想，可不能出事，我如果出了事，母亲和孩子们谁来养活？心里想着，我一定要活下去。就这样过了三四个小时，洪水渐渐退去，我才平安到家。

这次“山洪历险记”，让我回家后好长时间还惊魂未定。我说给了孩子们听，大儿子宝峰对我很是担心。他劝我以后不要再去卖皮包了。我执意要去，不过，只要河套石子河里有水，他就去送我、接我，还非要背我过河。这让我十分感动。一个只有十二三岁的孩子，就这么懂事、孝顺！让我感到欣慰和骄傲！

我要着重谈一下大儿子宝峰。丈夫去世后，我一个身在异乡的女人抚养4个孩子，可以想象生活的艰难。这个时候，大儿子就成了我的助手、我的依靠。他是家里的孩子头、“大哥大”。七八岁时，就非常体谅我的辛苦，帮我照看弟弟们，喂鸡割草放羊。他8岁那年，我添了老四，为我接生的老大姐看到我们家甚是清贫给我送来8个鸡蛋，小二小三看到后吵着闹着要吃，宝峰见状，训斥他们：“你们不能吃，这是让母亲吃的。”之后两个弟弟不再闹了。十岁时，宝峰就会做饭、洗衣服、整理家务。到十一二岁时就已经会修鞋、修锁。

我还要说一下我在新疆的一个好朋友，用现在的话叫闺密，她叫郑桂芬，河南温县人，是我的老乡。桂芬不仅长得漂亮，人也十分善良，她在毛纺厂上班。当时她看我一个人带几个孩子，日子过得十分艰难，就利用下班时间，去工厂的垃圾堆里捡被丢弃的绒毛短线，然后积攒起来把它们洗干净，给我织了一件毛衣。虽然颜色杂乱、里面满是结头，但在我看来，它就是世界上最漂亮、最暖和的毛衣，穿在身上，感觉从心里到身体都是热乎乎的。后来我去了香港，桂芬却因病瘫患在床。那时人们的生活条件比以前好了很多，她不顾自己的病体，买了两斤毛线，带病给我织了一件毛裤。我收到后热泪盈眶，感动得不知如何是好。夜深人静之际，我回忆往事，为自己人生中交了这样的好姐妹而庆幸、感慨。我祝愿世上所有的好人有好报，祝好人一生平安。

七　父亲海外来信

在新疆，我孤苦伶仃，是何等思念父母亲、思念家乡的亲人呀！尤其是思念我的父亲。为了养活母亲和亲人，我在新疆不知疲倦拼着命地干活。深夜难眠时我就想，人生之路如此漫长，好像总也望不到尽头。每当疲惫懈怠时，我的记忆中就会浮现出在南京时，父亲那和蔼的面容、坚毅的声音、坚韧的精神。这就像暴风雨前的闪电，虽然只是一闪而过，却激起了我同风雨、同生活搏斗的勇气。有时，我不止一次地问："我的父亲他到底在哪里？"我曾多次梦见父亲，而当梦醒之后，都会更加痛苦。我的这种思念，源于儿时母亲对我的一次谈话。

1960年，奶奶去世埋葬后的当天晚上，母亲抱着我，擦干眼泪小声地对我说："妞儿，有人捎信过来，说你父亲可能在中国台湾。"当时，我特别激动，心里想，有朝一日我一定要去中国台湾找父亲。

1979年秋天，喜讯从天而降：我接到母亲的来信，并转来父亲从日本寄来的一封信，信里还有照片。啊，父亲来信啦！我的手颤抖着，看着信和照片，泪水像断了线的珠子，把信纸都打湿了。夜里，孩子们都睡了，我又拿出信纸，一遍又一遍地阅读，生怕漏掉了一个字。我感觉像做梦一样，反复地问自己，这是真的吗？我兴奋得情不自禁地叫了起来："我找到父亲啦！我找到父亲啦！"这叫声惊醒了睡梦中的孩子。孩子们揉揉惺忪的眼睛，不停地问："外爷有信啦？外爷有信啦？他现在在哪里？他能来看我们吗？我们能去看他吗？"父亲的来信让我们全家高兴得彻夜未眠。我顿感浑身轻松，好像一直放在心上的一块大石头突然落地了，多年压在心头的乌云散了，一霎时，我感到世界是那么美好，阳光是那么明媚！

父亲在信里说，要我到香港和他见面。这一句话，像一块巨大的磁铁，紧紧地吸住了我的心。那股来自父亲的暖流，立刻充满我的全身，我感到自己是这个世界上最幸福的人。在这一段时间里，我们全家每天都浸沉在幸福之中。

第三章

移居香港

1984年6月20日，我从祖国的大西北——新疆，以满怀喜悦、格外激动的心情来到我们祖国的南方，走进世界级的大都市、有“东方明珠”之称的香港。昔日漂泊异乡的天涯浪子，一下子成了香港公民，这是我们一家做梦都没有想到的事情。真的是否极泰来、天降洪福啊！我犹如在茫茫沙漠中见到了耀眼的绿洲，在狂风暴雨之后见到了绚烂的彩虹，我的心情像久旱的土地突逢喜雨，像十年赶考终于金榜题名，这幸福来得太突然了！

能有这等幸福，我首先要感谢党的好政策，没有中国共产党的改革开放、海峡两岸沟通的好政策，日益宽松的局势，通航、通邮、通商“三通”的逐步实现，以及“一国两制”的基本国策，我就不可能办理入港手续。我还要感谢我的父亲，没有他所做的一切，我是不可能走进香港的。

一　艰难的赴港手续办理

自从收到父亲的信之后，我和父亲以及在中国台湾协助父亲办学的叔父王万兴，便经常有书信往来。开始，父亲和叔父在信中提出，要我向当地政府申请到香港与他们会面，并让我带上孩子。尽管我思父心切，但是，新疆距香港有万里之遥，一贫如洗的我怎么可能前往呢？这得需要多少开销？另外，我害怕出境手续不太好办，因此迟迟没有回信。

父亲在香港非常着急，因为当时他已经把我的母亲从河南老家接到了香港，办得比较顺利。我的这件事办不好是他的一块心病。

▲　和父亲刚见面时合影

他了解情况后，就请了日本的一位朋友，利用到中国旅游访问的机会，绕道到新疆来看我，并给我带来钱和物品，接济我的生活，给我讲了两岸关系、国家的政策，指导我如何办理手续等。在1980年年底，我向新疆当地有关部门提出并递交了去香港的申请。

一年过去了，赴港申请如石沉大海。又是一年过去了，父亲、叔父要我到香港会面的要求更为急切，不停地催问着。1984年春，父亲又托一位日本朋友持信到北京中台办，中台办介绍他到新疆台办沟通交涉，帮我办理赴港手续，这次很快就成功了。怀着对新疆的万般眷恋与不舍，我含泪告别奋斗了23年、被我称作第二故乡的地方——新疆，奔向香港。

二　父亲为我谋划前程

到香港了，马上就要见到我日夜思念的父亲和阔别多年的母亲了。虽然我已经40多岁了，但此时仍像个孩子一样，心情既激动又有些忐忑。是啊，我离开父亲已经30多年了，在南京离开父亲时，虽然我只有六七岁，往事仍历历在目，当年与父亲分别的情景又一次浮现。

1984年6月20日，是我终生难忘的日子。这一天，我见到了日思夜想的父亲。父女相见悲喜交集，我站在父亲面前，一个劲儿地流泪。母亲在一旁说："快给你爸行礼！"对着父亲深深地鞠了个躬，便扑到了父亲的怀里哇的一下哭了出来，我好像一下子又回到了童年。我喃喃地说："我终于见到您了，父亲！"父亲也哽咽着、拍着我的肩背说："闺女，父亲也非常想念你和你的母亲啊！"

情绪稳定之后，我与父亲畅谈过去的一切。我泪眼蒙眬地看着父亲，终于真真切切地说出了藏在心中近四十年的话语："父亲！您好吗？"父亲也望着我，诉说他在中国台湾创业的艰辛。我望着年过花甲已是两鬓斑斑的父亲，心里十分难过，眼泪不住地往下淌，父亲却宽慰地说："过去的，就让它过去吧！"

接着，父亲好像早有准备似的对我说："现在是一个竞争时代、信息时代、知识时代，是科技创新的时代。对你来说，最重要的是明天，明天怎样做人？怎样谋生？怎样济世？"我听得如在梦中。

接着，父亲开始考问我。他把右手伸出，先是手心向上问我："是这样好吗？"接着又把手心向下问我："还是这样好？"我想了一下，笑着答道："手心向下好！"父亲问我为什么，我却答不上来。父亲笑着说："手心向下表示赐给别人，手心向上表示被人赐予。前者是奉献，后者是索取。"他还说："人生在世，奉献为本。"哦，我明白了，正是基于这种信念，父亲在中国台湾创办学校，就是在为社会奉献啊。

交谈了一阵子后，父亲更明了地对我说："当今中国社会正在转型时期，未来社会竞争会越来越激烈，人们的文化知识层次都在提高。在高科技时代，没有真才实学，缺乏竞争实力，就很难在社会上立足。你要生活下去，就必须去学习新知识、掌握新技术。所以，你现在要做好准备去读大学，补上这一课。”我一听，头都大了。常言道，人过三十不学艺，当时我都四十出头了，是一个有4个孩子的中年妇女，还能读书吗？父亲见我有些迟疑，笑着说：“你是要鱼呢还是要鱼竿？”我沉思了片刻说：“要鱼竿！”父亲高兴地说：“这就对了！上大学就是鱼竿！吃完了鱼自己再钓，永远有吃不完的鱼！”

父亲三言两语就勾画出了我勤工俭学读大学的蓝图。本来，我是打算来香港享福的，父亲却让我去奋斗，父亲唤醒了我沉睡的心灵，给我这个在人生大海中盲目航行的小舟指明了前进的航向，挂起了人生的风帆。

这次，我和父亲在香港相见，只有短短三天时间。第四天，父亲就匆匆忙忙飞回台北，去忙学校的公务了。但是他的话铭刻在了我的心里：我要学习、奋斗、奉献。

三　母亲在香港的岁月

1982年，父亲把母亲从河南老家接到了香港居住。上天不负有心人，苦尽甘来，母亲总算结束了长达36年之久的苦难岁月，盼到了和父亲团聚的日子。当年风华正茂的父母，如今已步入了耳顺之年。曾经美丽、漂亮的母亲，已经风采不在，真的是青丝变白发，少妇成老妪了。

当母亲在香港见到我父亲时，可谓“惊定还拭泪”“夜阑更秉烛，相对如梦寐”（杜甫《羌村》）。那一刻，母亲内心的爱恨悲喜，一起涌上心头，热泪似泉涌般淌出。她向父亲滔滔不绝地诉说她的悲喜，讲述她的苦难，细数她30多年不堪回首、家境凄惨的

▲ 父母合影

日子。尽管涕泪横流，嘴唇颤抖，母亲的话语之中却没有丝毫的怨恨。父亲一边静静地聆听，一边自责地落泪，内心泛起一阵又一阵深深的内疚之情。此时，两位白发老人紧紧地相拥在一起，相互抚慰心中的伤痕。待母亲心情平复之后，父亲理智地说："天有不测风云，这一切，都不能说是哪个人的过错，是时代隔绝了海峡两岸亲人的往来，是历史造成了夫妻离散的悲剧，是命运安排下的人生际遇，我们能熬到夫妻见面的这一天应是幸运。"

母亲嫁到王家，含辛茹苦，忍辱负重，侍奉过王家老小五代人；为王氏前辈养老送终披麻戴孝；在万般痛苦中抚养小辈长大成人。父亲敬佩母亲对家庭的付出，他说母亲对王家可谓功德无量。他赞扬我母亲寒窑守节、贞淑至上；他心疼母亲沧桑一生、惨遭不幸。母亲的母德母仪使父亲感激不尽，他不停地安慰母亲，并尽最大的能力去关爱母亲、补偿母亲，在香港为母亲置房安家，让母亲在香港安享晚年。

母亲在香港仅度过了短暂的七年时光，而且有五六年都是在病中度过的。母亲到香港后，虽然走出了困苦的生活境地，物质条件大大改善，然而，一是由于多年来她积劳成疾，身体逐渐衰弱；二是我父亲在中国台湾事务繁忙，每年来港时间有限，母亲虽然在物质上得到了满足，但在精神上，仍被过去的阴霾苦苦折磨着；再加上无人陪伴，无法与本地人沟通等原因，老人家于1989年2月8日（农历正月初三），带着她对亲人的万般不舍与眷恋，与世长辞了。

作为女儿，我多么希望饱经磨难的母亲在晚年能多得到些人间的欢乐，多么希望每天能看到母亲劫难过后的笑脸，多么想在母亲身边多尽一天孝心，然而天不假年，母亲还是离我们而去，给我留下了无尽的哀痛和永久的思念。

四　香港印象——祖国在我心中

香港，是一个国际性的大都市，全球的金融贸易中心，购物者的天堂，旅游者的乐园，许多人梦寐以求的地方。我，一个逃难于边陲异乡、在新疆农场干苦力、在生存线上苦苦挣扎的平民百姓，一个普普通通、年逾不惑的女人，来到了世界级的大都市，反差太大了。本来是遥不可及的目标，一下子实现了，叫人难以置信，毫无心理准备。

到了香港，我大有涅槃重生之感。这个所谓的人间天堂给我留下了深刻的印象。当我踏上这片土地时，首先看到的是人多，男男女女，老老少少，各种肤色，不同国籍，穿着奇装异服，真是花花世界；这里高楼大厦鳞次栉比，一幢挨一幢的楼房叫人透不过气来。不过，香港的高楼大都是临海而建，依山傍水，朝向不一，错落有致，别具风格。香港人的生活节奏很快，不管走到哪里，你看不到三五成群悠闲的人。街道上、房檐下、公园旁，你看不到玩牌的、聊天的，他们的工作和休闲是两个世界，工作时认认真真，放松时到娱乐场所尽情享受，这一点我很欣赏。香港的海水很蓝，天也很蓝，香港的山多而不高，无论是九龙半岛还是太平山，山上都看不到参天大树。白天，你可以看到香港的热闹与繁华；夜里，你可以看到香港的美丽和温馨，维多利亚港更是颇具特色。

香港是祖国不可分割的领土。香港同胞同是炎黄子孙，与我们根系相连，血脉相通。1984年，我虽然定居香港，但永远不会忘记祖国的历史，永远不会忘记我对祖国的深厚感情。1982年，邓小平同志提出“一国两制”的伟大构想，使别离一个半世纪的香港于1997年7月1日顺利回归祖国的怀抱，我深深感到了今日祖国的强盛与伟大。

五　我在香港远东书院读本科

2015年，由升达学院原院长崔慕岳教授主编的《杏坛之光》一书，收录了我的一篇文章《创办人唤醒了我奋进的心灵》。我在文中写道：1984年创办人费尽周折把我从新疆接到香港，对我不仅爱之深，且为计深远，我便成了他的“重点教育和培养对象”。在学习上，父亲希望我有真才实学。为弥补我过去为家庭生活奔波失去学习机会的损失，他安排我在香港远东书院上五年（成人）本科。远东书院是20世纪50年代建立的。当时，香港人口急剧增加，由中国内地南迁的学者及青年学生都渴望在香港成立私立大学，按照香港政府的教育法规注册了“远东书院”。书院的教学语言以中文为主，任教的老师多是从内地到香港的学者。

▲ 香港读书照

香港远东书院有一副冠首嵌名联：“远志潜心，修齐治国平天下；东南尽美，文物衣冠出杏坛。”道出了书院的办学宗旨是传播儒家文化。上联“远志潜心”是勉励学生要树立远大的志向，专心致志学习；“修齐治国平天下”，是以儒家思想强调自身修养的重要性。下联“文物”即文献古物，借指悠久的文化；“衣冠”是衣服、冠带，指代文明礼教；“杏坛”泛指教学场所。纵观全联，可见该书院对培育人才、传承中华文明的一种深情期许。香港远东书院还提出“志孔子之志，学孔子之学”。

依照父亲的安排，我很快就进入了香港远东书院，修国语、文学。大学可真不是好读的！教授用粤语讲课，繁体字看不懂，急得我直流眼泪，更不适应的是父亲对我要求非常严格，他只负责我的学费，生活费则靠我自己去挣，也就是说我必须“勤工俭读”。我一边打工，一边读书，白天到饭店刷盘子、干杂活；晚上去读夜大。读大学之初，摆在我面前的还有两块硬骨头：粤语和英语。为了和老师同学沟通交流，为了学好功课，我竭尽全力地学习广东话和英语。当时我已是年逾四旬，学习起来特别吃力。两三个月后，我就打起了退堂鼓。父亲知道后，就从台北写信鼓励我克服困难。其间，他到香港问我学习难到啥程度？我说了难处之后，父亲笑着说：“还没有难到每天学不会一个字嘛？也没有像梅兰芳那样，难到老师都不教你了嘛？我相信我的女儿会以梅兰芳为榜样，学出好成绩！”

父亲的期望、母亲的心愿不准我退却半步。就这样，我硬是在父亲的严格要求与鼓励下，以“愚公移山，精卫填海”之毅力，以蚂蚁啃骨头之精神，完成了学业，在香港远东书院取得了学士学位。

六　香港能仁书院读硕士

我在香港远东书院毕业之后，父亲仍然认为我的翅膀不硬、水平不行、资本不厚、能力不够，又对我提出了更高的要求，让我到“香港能仁书院研究所”攻读教育管理硕士。这时，我完全理解了父亲的一番苦心。

父亲是一位杰出的教育家，一辈子躬耕杏坛，他热爱祖国，为培育英才付出了毕生的精力和心血。当时，父亲在中国台湾兴教办学已40余年，办了多所学校，在中国台湾是有口皆碑，在东南亚及世界许多地方都很有名气，还组织了私教协会，担任秘书长一职，成立了教育发展基金会。我深深理解父亲对我的良苦用心和割舍不下的教育情怀。

父亲让我攻读教育管理硕士，这是对我寄予多大的厚望啊！他希望有朝一日我可以和他共同探讨教育发展，助他一臂之力，这是父亲多么周全、久远的计划呀！我想，父亲可能还有更深更多的打算，让我以后接他的班、继承他的事业，把他的教育思想发扬光大，把他的教育事业做强做大，为祖国、为社会培养更多优秀的人才。

香港能仁书院（Hong Kong Buddhist College）成立于1968年。它是香港唯一一家提供专上教育的非营利院校。1969年以能仁书院之名向香港政府申请注册获准，开办大专、大学预科班。1978年，增设哲学研究所。

在香港能仁书院，我更加刻苦地学习。我的指导老师是香港中文大学著名教授邝健行先生。两年之后，我终于在香港能仁书院获得了硕士学位。父亲闻讯大喜，专程由台北飞到香港，到书院为我祝贺。父亲的一位老朋友风趣地对我说："与其说你父亲让你勤工俭学，倒不如说你父亲让你'动心忍性，增益其所不能'呀！"是的，只有这样才可以触动我的心智，坚韧我的性情，增强我所缺少的才能。此时，我更加真真切切地感受到父亲的良苦用心。

七　中国台湾之行——树立节俭思想

1989年8月，台北育达高职（即台北育达高级商业家事职业学校）40周年校庆，父亲让我去中国台湾参加校庆活动，我特别高兴：一是当时我正在香港读书，学习特别紧张，出去走走，可以放松放松心情；二是我还没有去过中国台湾，想去目睹一下物产丰富、风景秀丽的祖国宝岛，这是我多年来的愿望；三是想去看看父亲创办的学校。

到了台北后，作为特约嘉宾，参加育达高职的校庆活动让我兴奋不已。当我作为学校创办人、校长王广亚留在大陆的长女出现在公众面前时，受到学校领导、父亲同仁的热烈欢迎，大家都向我投以亲切而热情的目光，这对我这个没有见过大世面的女子来说，真是受宠若惊。庆典活动在鼎鼎大名的台北园山饭店举行。那恢弘典雅的建筑、富丽堂皇的精美装饰、张灯结彩的火红场面，伴着锣鼓喧天的热烈气氛，让我目不暇接，把我的心燎得火烫。典礼上，许多领导讲话都在赞美父亲、颂扬父亲，还有人给父亲献上一大束鲜花，我感到非常骄傲、自豪。

庆典活动结束后，我跟着父亲回到了他在学校的办公室。坐在椅子上，父亲特别高兴，笑容满面，看得出，今天的庆典活动举办得很成功，令他非常满意。此时已是中午，父亲从口袋里掏出100元台币给我，说道："你去大街上买两份便当。"拿到钱之后，我不敢多问，马上就出去了。当时我很纳闷，一是不知道什么是便当，二是不知道到哪里去买。于是，我就询问一位马路边的出租车师傅，他告诉我，便当就是用泡沫塑料盒包装的方便熟食品，我在内心偷偷发笑，什么便当不便当的，不就是盒饭嘛！当我很快买到两份便当走在回去的路上时，我不由得思忖着，父亲让我买这个干什么？是不是给司机或者身边工作人员准备的午餐啊？

回到学校办公室，我把便当交给父亲，放到办公桌上。父亲起身用一次性茶杯倒了两杯开水，然后，把一份便当推到我的面前，一份自己打开便吃。我还没有回过神来，父亲咽下一口饭菜，喜滋滋地说："味道真好，你也赶快吃呀！"我觉得匪夷所思，不理解父亲的做法，稀里糊涂地把便当吃完，心里很不痛快。心想，父亲那么大的事业，那么有钱，我到中国台湾的第一份午餐竟是这个"便当"，当时心中有些许不快。

父亲的办公室有一张办公桌，是父亲20世纪50年代初开办"会计补习学校"时，同乡老友曹立清送给他的。从那时起这张桌子就跟随着父亲，白天上班办公用，中午、晚上休息当床铺用。当时，父亲从事教育事业已40余载，事业由小变大，学校由少变多，房子由旧变新，办公室搬了不少次，许多物件只有印象，没有踪影，唯独这张桌子一直伴随着父亲。学校的后勤人员不止一次对父亲说："王校长，现在学校条件好了，您这张办公桌该退役了，给您换一张新桌子吧。"父亲执意不肯："不换不换，这张桌子跟了我40多年了，舍不得丢了它。"

两件事给我的印象极深，我从中领悟到，这是父亲处处节俭的生活习惯与高尚的思想品德的体现。他对己严、对家人严，对别人宽、对朋友宽。他一生处处节省，穷时省，富时也省。勤俭朴实在他的思想深处扎了根。中国台湾之行让我对父亲有了更进一步的了解。

八　到企业、学校实践锻炼

众所周知，学习是实践的前提，实践是学习的目的，二者相互联系、相辅相成，贯穿于学习实践活动的全过程，实践出真知。我在香港拿到了学士、硕士学位证书之后，为了巩固所学知识、检验所学知识，父亲让我去实习——参加社会实践，进行社会锻炼。

父亲在香港给我联系了一家他参加投资的企业——台硝股份有限公司。这家企业总公司位于中国台湾省桃源县，主要生产硝化纤维、硝化棉、电子化学试药、无机颜料等产品。（现在在河南新乡有分公司，1993年创建升达学院时，该公司董事长致函祝贺父亲，捐赠10万美元作为升达奖助学金）。我在这家公司受聘上班，担任普通职员，开始是做登记、收发工作，后来又做文案、统计工作。在这家公司上班，我了解了该企业的宗旨是"追求卓越、客户至上"。在这里，我了解了企业的理念、管理、运作，结识了许多领导和同仁。从他们身上，我看到了勤勤恳恳、认真负责的工作态度以及努力奋斗的奉献精神，这正是父亲对我最初的期望。

父亲办学是以“会计补习班”起家的。他对“会计”这个行业尤为看好，也很希望我在这方面有所建树。他不止一次地对我说，办企业是要有本事的，少不了知识和技能。因此，后来他又给我联系了深圳一家中外合资办学机构，让我在那里做后勤财务管理工作。在这个机构里，我懂得了会计的职责和工作内容，并非只是管记账、花钱这么简单。会计是对单位的经营与经济业务，从“数和量”两个方面进行计量、记录、计算、分析、检查、预测、参与决策、实行监督的多重工作；它也是单位经济管理活动的重要组成部分。我还深深地懂得了会计专业是应用性很强的一门学科、一项重要的经营管理工作，是加强经营管理、提高效益的重要手段。

在这家教育机构上班之前，我心里没底，感到既新鲜又紧张，管理后勤的领导耐心地向我介绍单位的基本业务、会计科目的设置以及各类科目的具体核算内容，又向我讲解了作为会计人员上岗所要具备的一些基本知识要领、基本操作方法，细心地指导我，令我十分感动。在这里工作的日子，我觉得自己过得很充实、很愉快，收获也不小。

在香港深圳两年多的社会实践，我把它称为毕业实习更为恰当。因为这是对我大学所学知识的一种检验，也使我在社会实践中深刻地了解了社会，在工作实践中巩固了知识；既让我开阔了视野，又让我增长了见识，还让我学到了很多在课堂上、书本上根本学不到的知识，大大地扩充了我的知识量。这一切，为我以后走向社会、为我协助父亲建立升达学院，打下了坚实的基础。

▲　父亲书桌照片

第四章

协助父亲创建升达

孝敬父母是中华民族的传统美德，更是我们每个人应尽的责任和义务。我们呱呱坠地，父母就把无私的爱无怨无悔地奉献给了我们。古语说："羊有跪乳之恩，鸦有反哺之义。"所以，我们作子女的对父母要懂得感恩、懂得回报，并要竭尽全力去回报父母这份珍贵的爱。这是我移居香港之后不折不扣的、没有半点儿虚假的思想。

怎样回报父母呢？在香港，我陪伴在母亲身边，给母亲做可口的饭菜，精心照顾她的饮食起居；为她求医问药，以解除病痛；和她拉家常，以解除烦闷。总之，让她享受生活、安度晚年。这期间，父亲只要到香港小住，我就倒茶送水，端饭递筷，捶肩揉背，尽我所能地送上爱心、孝心。1990年，我陪父亲回大陆探亲，之后他决定要在家乡创建大学，我想，这是我回报父亲的时候了，我要竭尽全力帮助父亲创建大学。从筹办、奠基、规划、建设、招生以及后来的创新发展，我都参与其中，并成为升达的开拓者、建设者与见证人。为了升达，为了父亲的教育事业，我在这里拓荒，在这里奋斗，在这里耕耘，为此我感到骄傲。我感谢父亲：是他，给予了我教育事业付出的机遇；是他，给予了我在教育事业上奋斗的平台；是他，让我从颠沛流离的生活走上了高校董事长的岗位。对此，我十分感恩。

一　准备办学　信心满满

在我心中，父亲是一位情深意重的血性男儿。在香港相见以后，他曾多次告诉母亲和我，在中国台湾时，他和我叔父王万兴有

▲　考察地形

多少个日日夜夜遥望大陆，洒下无数行思乡热泪，两人曾发誓有朝一日回到故里，一定要在家乡办一所高等学府，以报答父老乡亲的养育之恩。我和母亲听了都非常兴奋。

1990年9月，父亲在阔别家乡43年之后，在我的陪同下，怀着万分激动的心情回到河南巩义老家探亲。此次回乡，他既为家乡发生翻天覆地的变化而感到欣喜，又为河南高等教育不发达、许多适龄青年无大学可上的现状感到焦虑。因此，他下定决心，要在家乡办学，并在回台之后立即着手准备：找朋友商议，了解政策，制订规划，筹措资金等。20世纪90年代初，父亲年近古稀。虽然“白头搔更短，浑欲不胜簪”，但他心犹壮、志未衰，精力充沛，创业雄心旺盛。他说：“河南是我的故乡，我从小生于斯、长于斯。作为炎黄子孙，我对祖国、对家乡有着深厚的感情，我想把近半个世纪办学的成功经验带回大陆、带回河南，为家乡培养更多的人才。”

父亲果真要回家乡办学校了。我听了以后激动得好几天睡不着觉。父亲信心十足、满脸笑容地对我说："我去老家办学，咱们一同回去，你给我当助手好吗？"我又惊又喜，连声说道："好啊！好啊！"父亲又说："这是对你的考验，用着你的时候到了，你一定要做好思想准备，抽时间多看些资料，做做功课，帮助我把学校办好。"

说实话，刚读完教育管理的我，马上就要进入角色，倒真的有些胆怯。不过，在去河南办学之前，父亲让我到台北、台中和大陆的五六所大学参观考察，学习高校的办学与管理经验。父亲语重心长地对我说："办学的确不容易，要办好更不容易。要多动脑子、多想办法，要想办好，关键是会处群。""会处群？"这对我可是个新鲜词。父亲解释说，就是会团结人、会用人。从那时起，"会处群"这3个字就在我脑海刻下了印记。

至此，对于协助父亲办学，我做好了一切准备，而且信心满满。我想，我一定要当好父亲的得力助手和参谋，把这所大学办好，为家乡的教育发展做出贡献。我要以实际行动报答父亲，不辜负父亲的培养教育，用自己的真才实学筹建学校、奉献社会，书写自己的亮丽人生。

二　飞抵郑州　出师告捷

1993年元月，我随父亲前去郑州拜会河南省、郑州市的领导，提出在家乡申办学校之事。一同前往的还有父亲的好友、中国台湾著名律师范道镕先生。

父亲几十年办教育的生涯造就了他果敢、果断的性格，只要决定了的事情，他就立刻着手去办，绝不犹豫拖延，更不轻言放弃。

由于回乡办学心切，过年也没了兴趣。1993年春节假期还没有过完，1993年1月27日（农历正月初五），父亲就同范律师从台北转道香港，又从香港带上我一同飞抵郑州。

我们半夜走下飞机舷梯，北国中原正是隆冬季节，刺骨的寒风迎面吹来，冻得人直打冷颤，但是，我的心里是热乎乎的。郑州街头不时响起噼噼啪啪的鞭炮声，还有五颜六色的烟火窜向夜空，人们还浸沉在欢乐祥和的氛围中，许多单位都还没有上班，但省市的领导们在春节放假期间并没有休息。所以，天亮以后我们很快就联系好了向省市领导汇报一事。

1993年1月28日（正月初六）上午，工作人员安排我们去拜会了省市领导。父亲对省市领导说："河南是我的故乡，我从小生在此地，长在此地，作为炎黄子孙，我对祖国、对家乡有着深厚的情感。特别是现在，我国的改革开放给了我回归故里、报效桑梓的机会。我搞了几十年的教育，深知人才对兴国富民的重要作用。我愿意尽绵薄之力，在郑州创建一所经贸类的大学，把在中国台湾近半个世纪办学的成功经验带回大陆，为家乡培养人才。"接着，父亲向省市领导汇报了创办的大学拟将地址选在郑州市，学校的名字为"升达大学"，以及今后的建设与发展初步规划等构想。

父亲的这种想法，得到了省市领导的赞扬。一位领导说："王老先生年事已高，创业的雄心不减，您愿意在家乡办学，这种爱国爱乡的精神令人钦佩。现在，河南教育还比较落后，这与人口大省不相适应。河南要发展，要经济振兴，人才是根本、是关键。因此，我们对王老先生回家乡办学热烈欢迎，大力支持。"

汇报之前，我们感到可能会遇到这样那样的问题，听了省市领导的表态，父亲、范律师和我都兴奋不已，省市领导的开明与远见令我们佩服和感动，心存的种种疑虑顿时烟消云散。

整个汇报、会谈、协商，在十分融洽的气氛中进行。热情的招待、周到的安排让父亲欢心满意。在汇报会上，父亲分别向省市领导介绍了范律师和我。我为能见到这些领导而感到无比欣喜。父亲还说："我的女儿王淑芳在家乡协助我办学，请各位领导多多关照。"顿时，我感觉到了责任，也感到有千斤重担压到了肩头……

首次拜会省市领导，办学一事出师告捷，令我们喜出望外。在协助父亲办学的路上，我们迈出了坚实的第一步。

三　升达筹备初期

父亲是一个急性子。省市领导同意在郑州创建"升达大学"之后，1993年2月下旬，他便组建了"升达大学筹备处"。当时，经朋友推介，父亲聘请河南省下派锻炼的省直干部杨松林为筹备处主任。除此之外，筹备处还有一个司机，一个内勤外勤兼顾的女青年，一个懂建筑设计的、杨先生的同事薛工程师，一个财务负责人——杨松林先生的爱人任远女士，一共5个人。我和聘来的工作人员协助父亲，在河南省科技馆租了一处房子，作为筹备处的办公地点。

筹备处成立之初，父亲让我在香港给他转汇资金。父亲把建校所需用的钱一笔又一笔先汇至香港我的名下，我再汇给升达筹备处。不过，只要父亲去郑州，我必跟随左右，陪伴他在香港和郑州之间奔波。父亲有时在中国台湾工作繁忙，抽不开身，我即按照父亲的交代独自前往郑州办理一些事情。每次来到郑州，我和筹备处的同仁一道帮助父亲联系人员、起草传递文件、了解情况、查阅资料、提供信息、处理各种问题，父亲对我满腔热情的工作很满意。在与父亲同行时，我还有一项重要的任务，就是照顾父亲的生活，我感到这是作为女儿分内的、责无旁贷的事情。毕竟父亲已经年逾古稀，给父亲提皮包、递茶水、买点喜欢吃的，和他聊聊天、谈谈家事，让他心情放松。我看得出，他心里很是欣慰。

在升达大学筹备处成立之初，父亲没有让我担任具体职务，也没有给我安排具体的工作。我只是跟随父亲、在父亲身边打杂。开始，我对此不甚理解，后来我明白了，这是父亲的良苦用心，像小鸭子跟着母亲下河游泳一样，像老鹰带着小鸟在天空学习飞翔一样，这是父亲让我跟他学习如何接人待物，如何观察事物，如何处理解决工作中的问题，是父亲在向我传授办学的工作经验。

这个期间，筹备处最主要的工作，一是催办河南省教委尽快下达创办升达大学的批文；二是向郑州市人民政府提交创办升达大学的报告，并协商、勘查市政府划拨的建校用地。有省市领导的支持，有我们的努力，一切都进行得非常顺利。

1993年3月6日，根据河南省教委豫教高二字〔1993〕第38号文件，批准成立“升达大学筹备处”。几乎是在同一时间，我随父亲也与市政府商妥，把郑州市北三环与107国道（现中州大道）西南角一块300亩的土地作为校址。拿到了批文，签约了合同，这令我和父亲兴奋得两三个晚上都睡不着觉。啊，升达就要创建了！我真为父亲感到高兴，也为我和筹备处的同仁这段辛勤劳动有了可喜的结果而高兴！不过，接下来的工作还有很多，我们来不及喘口气，就又满怀信心、劲头十足地立即投入招兵买马、设计学校蓝图、订计划、做预算等工作中。我们又在郑州市政一街一栋楼的二楼租下几间房子，作为筹备处新的办公地点。这时，按照与郑州市人民政府签约的承诺，父亲旋即返回中国台湾，很快将筹集购置校地款的100万美元，通过我转手香港汇到了郑州，父亲又从台北请来颇有办学经验的李昊瞳先生来郑州担任升达大学的创办人代表。

我兴奋极了，一项伟大的工程就要实施！升达大学美丽的蓝图在我的脑海里勾画着！为父亲的教育事业贡献力量的雄心壮志在我心中蕴育着、升腾着！

四　踏破铁鞋 寻觅校地

事情的进展并不像我们想的那么容易。正当我和父亲准备竭尽全力为创建升达而大干一场的时候，1993年4月，令人不愉快的消息出现了，其中之一便是在北三环的购地严重受阻。为此我们到市政府反映汇报，市领导又派秘书多次出面和村委会协调、做工作，奔走数日，费了许多口舌也无济于事，最后造成在北三环购地彻底泡汤。

没有土地，办学校岂不是一纸空谈。我和父亲在家乡办学的满腔热情被狠狠地浇了一瓢冷水，受到了沉重打击。当时，我和父亲的心情都糟糕透了。父亲白白花费了200多万元人民币不说，还整整耗费了三个月的时间，我们的辛苦工作都付之东流。父亲却显得非常镇定。他说："我们重头再来，这种困难不算什么，当年，在中国台湾创办育达商业职业学校时所经历的困难，不知道比这些要多多少倍，我不是都一一克服了？大江大河都过了，还怕一个小河沟！我相信，偌大的郑州肯定会找到一块属于升达大学的土地。市区不行，我们去郊县！"

1993年7月，正是暑热天气，太阳像一团火球炙烤着大地，烈

▲ 升达大学筹备处照片

日当头，酷热难耐。我和工作人员陪父亲驱车数十次，穿梭跋涉于郑州郊区及荥阳、新密、中牟、新郑等地寻觅校址。当时父亲已72岁高龄，他下车步行考察时行动之快、反应之灵敏，使我和随行者都望尘莫及。找不到合适的校址他不甘心，一天要转五六个地方，每到一处他就察看这个地段好不好，有没有污染，有没有天然水源，交通是否方便，然后再找当地负责人协商。火辣辣的太阳晒得他脸上汗水直淌，停下来我给他扇扇子他又不肯，递上毛巾他也顾不得擦一把。我劝他休息休息不要赶得太紧，他说："不行啊，时间不等人，学校要赶快建设。"我为父亲的办校热情、毅力所折服、所感动。

正当父亲带领我和工作人员为寻找校地而奔忙之时，新郑市小乔乡（今龙湖镇）的领导主动找上门来推荐土地。听了他们的介绍，我们陪父亲赶到小乔乡去勘察。一看，没想到这里竟是一块理想之地：一是距郑州市区不过20千米，107国道纵横南北，交通便利；二是土地面积比较大，可以征购千亩；三是地价便宜，每亩地价仅为北三环附近原来那块地价的三分之一，也就是说还是用那么多的钱，在这里可以购置近千亩土地；四是地段里有一湾湖水横贯，环境清静。这些因素一下子就吸引了父亲。真是踏破铁鞋无觅处，得来全不费工夫啊！父亲随即与小乔乡负责人谈妥，在这里购地1000亩，随后双方签订了合同。

五　升达奠基典礼

父亲在新郑小乔乡选中校址之后，下一步就是要立即着手建造校舍，要把这片荒芜的土地建设、改造成一座亮丽的高等学府。我知道，父亲的目标是用一年的时间建好一批教学楼、实习楼、办公楼、宿舍楼、图书馆、食堂等必要的办学设施计共16项工程。计划1994年秋季招收学生，保证第一届新生入学。父亲跟我商量升达奠基的日子，我提议1993年8月12日（农历六月二十五）这天，立秋刚过，天气开始转凉，正是开工的大好时机。于是，我们就把升

▲　奠基图

达奠基的日子定在了这一天。

为参加升达奠基，我陪父亲提前两天就从香港飞抵郑州，到小乔乡了解典礼的筹备情况。到达目的地后，一眼看到在一片平整的空地上，已搭起彩棚，奠基典礼仪式即将在这里举行。听取汇报后，获知一切都安排得周详、有序，体面、得当，只等典礼开始。

奠基这一天，万里晴空，湛蓝如洗。我们来到典礼现场，放眼望去，台上台下彩旗招展，巨大的横幅标语耀人眼目，现场上人头攒动。有前来祝贺的各级领导，有前来看热闹的当地民众，还有省电视台、报社等新闻媒体的记者前来拍照、采访、录像。小学生身着节日的盛装，腰束红绸，跳起欢快的舞蹈；礼仪小姐手捧鲜花、彩绸，等待剪彩。之前空旷寂静的荒野，一时间彩旗凌空、鼓乐齐鸣好一派热闹景象。

这天，前来参加奠基典礼的还有后来升达的常务副院长张强武。之前父亲曾问我，咱们家族亲戚中，有没有在学校工作的。我说："有啊！我老舅张强武是开封黄河学校的高级讲师呢！"于是，父亲很快聘请张强武来帮他创建升达，先担任人事组组长。

面对这样热闹的场面，面对一张张灿烂的笑脸，我的心激动得都快要蹦了出来。我和父亲站在典礼人群的前排，典礼正式开始之前，父亲兴奋地对我说：“看，家乡的领导、家乡的老百姓多高兴啊，多么欢迎和支持我们办学，我们可不能辜负他们的期望啊，一定要在这片土地上建起一所在河南乃至全国一流的民办高校。”

上午10点，奠基典礼正式开始。礼炮声中全场欢腾，郑州市和新郑市的领导先后发表了热情洋溢的讲话。他们对父亲回馈家乡创办大学之举给予了高度评价，使我备受鼓舞。随后，我跟随父亲与诸多领导一起挥动铁锹，铲起松软的泥土，封好“升达大学奠基”基石，大家又在基石前合影留念。铲下黄土的那一瞬间，我仿佛看到了一座座高楼在眼前矗立。奠基活动向世人宣告，升达大学的巍巍黉舍将在这片土地上拔地而起。

1993年8月12日至13日，河南省和郑州市多家报社报道了升达大学奠基的消息，省电视台在新闻节目中也播放了现场录像。从此，“升达大学”这个陌生的名字走进了郑州，走进了河南，走进了千千万万人的心中。

六　建设升达的艰苦岁月

升达奠基典礼之后，我和父亲请来了设计规划人员，我们以最快的速度勘察完地形、设计出图纸，这时已经是9月底了。我帮父亲合计着：只有不到一年的时间了，要完成16项工程、近10万平方米建筑面积的建设任务，这也太难了吧？父亲说：“要敢想敢干，目标才能实现。”我真替父亲捏了一把汗，又被他的魄力所震惊、所感动。我暗下决心并对自己说："淑芳啊，该是你真正出力、回报父亲的时候了，一定要协助父亲把升达建设起来。"

很多人一定不知道升达校址原来的模样，可以说，这里原是一片高低不平、沟壑纵横、荒芜的不毛之地。几条十几米深的大沟，纵横交错，一个不规则的天然湖塘占地100多亩；裸露的土地上野草蓬生荆棘遍地；湖塘中长着一人多高的芦苇。沟壑中，可以看到几片零零星星的庄稼。早期，我随父亲来这里勘测土地，经常可以看到成群的野鸭，遍地乱窜的野兔与松鼠。

升达就是在这样的地域和环境中开始建设的。恶劣的地理环境为施工建设增添了不少难度，为升达的建设者增加了几多艰辛。

1993年10月，升达建设工程正式破土动工，成百上千的建筑工人开进了校区工地。学校原先设在郑州市区的筹备处也逐步搬到小乔乡，各路人马都忙碌起来。为了有更多的时间帮助父亲建设升达，我安顿好在香港的家，带上简单的生活用品，收拾好行囊，搬到了郑州，搬到了工地。在工地简陋的房子里居住，我和筹备处同仁与工人们同甘共苦，每天忙得不亦乐乎。

人一旦有了志向，有了奋斗的目标，尽管累得腰酸腿痛，浑身泥土，哪怕天天啃冷馒头、喝面条汤，也不感到苦和累，反而感到生活很充实、很有意义。一天下工后，我站在一块土坡上遥望夕阳，晚霞映红了半边天，又反射到湖中，湖水变成了红色，湖中涟漪微漾，真像一朵朵红莲绽开在水中，美丽极了！多彩的晚霞在奇妙地变幻着，更显得无比神奇。这时，我仿佛看到了升达美好的未来。

在升达筹建的日子里，我几乎每天夜以继日地忙碌着：清早五六点钟起床，中午稍作休息，下午又继续工作，一直忙到晚上11点以后。一件又一件工作、一项又一项任务摆在我的面前：招

▲ 父亲与工人吃面条照片

聘人员、购置建材、勘察地形、审改图纸、组织招标、施工，与当地政府联系，处理各种琐事……或泡在工地，或四处奔波，有时忙得让人喘不过气来。夏天，顶着烈日，冒着酷暑；冬天，冒着风雪，经受严寒。晴天，身上脸上全是灰土；雨天，全身沾满了泥巴。尤其是和当地那些地头蛇打交道时，特别艰难，跑断了腿，磨破了嘴也无济于事；我几乎到了求爷爷、告奶奶的地步也得不到理解，不知被气哭过多少次。一次，父亲看到我在抹眼泪，劝慰道："闺女啊，这就是社会，这就是生活，你要学会在困难中、困境中生活和工作。困难像弹簧，看你强不强，你强它就弱，你弱它就强。"父亲又说："自己的痛苦自己知道，自己的问题自己解决。"我沉思片刻，好像明白了些什么，随即擦干眼泪，继续干活。由于早年我在新疆奔波求生、身体透支，患有心脏病和腰腿疼，一忙起来就发作疼痛，为了工程建设，为了升达，为了父亲的教育事业，我时常咬紧牙，努力着，坚持着。

七　父亲夸我这件事办得好

升达建设工地工程量大，大批建筑材料堆在工地。由于人手不够、监管不力，不久便发生了失窃现象。开始是小偷小摸，丢的东西少。后来是钢筋、电缆等材料大量丢失。据反映，夜间有人用汽车把这些材料偷偷运走。我感到事情严重，但这问题单靠升达筹备处的人力来解决是不行的，必须由公安部门介入。

思量再三，我决定亲自去找省委领导。我曾跟随父亲见过省委领导。领导在百忙之中听了我对升达工地严重失盗的反映，马上打电话，派人前去解决问题。离开省委大楼，我在想，不知能不能解决问题，自己心里也没有底。一天以后，工地上突然每百十米远就有一个警察站岗，戒备森严。我当时想，这是哪里出什么事了？到了工地没有多久我才明白，原来是河南省政法委领导亲自到工地视察，了解工程建设和失窃情况。陪同前来工地视察与现场办公的有河南省公安厅、郑州市公安局的领导。

省政法委领导在工地召开了有筹备处人员、各建筑队负责人与公安人员参加的现场会。他说："中国台湾教育家王广亚先生在这里办学，很不容易，十分辛苦。他不花国家一分钱，自己出资来办大学，理应得到大力支持，然而现在出了问题。"他严肃指出，建筑材料遭丢失的事情，新郑市公安局严重失职。他要求新郑市公安局对失窃一事要严肃查处、严惩不贷。自从省政法委领导视察之后，工地建筑材料再也没有出现丢失的现象。

事后父亲拍着我的肩膀说："淑芳，这件事你办得很好！体现了你的办事能力和公关能力，你是好样的！这才是我的女儿。"听了父亲的夸奖，我的眼睛湿漉漉的，因为我的工作得到了父亲的肯定。2003年，父亲在他撰写的《升达与我》一书中这样写道：从这件（建筑工地建材丢失）事也可以看出，女儿淑芳有相当强的办事能力，她能够把省政法委领导请来解决棘手问题，也显出了她的工作能力。

不过，令人啼笑皆非的是，工地建筑材料丢失的事查清之后我才获知，原来是建筑工地的工头“挪用”了建筑材料。他们在其他地方也包有工程，那里建材急需而资金不到位，升达工地资金有保障，建材充足，一下子用不完，他们就采用了这般伎俩。工头们保证建筑材料会如数奉还，才免遭公安机关的处理。

八　为建造斗拱飞檐楼宇奔走献策

在升达建设期间，有一次，我对父亲说：“父亲，大家都说您就像一台永远不知疲倦的高速马达，驱动着学校快速建设。”他听了以后淡淡一笑说：“不为自己工作失败找理由，我们要为升达建设成功想办法。要记住，这才是我不懈工作和升达不断前进的真正动力。”从此以后，“要为升达建设成功想办法，不为自己工作失败找理由”这句话我牢牢地记在心中，并时时处处按照父亲的教导去努力工作。后来，父亲把这句话精简为“不为自己失败找理由，要为升达成功想办法”，并写成楹联张挂在行政大楼大厅的柱子上，让升达人时刻铭记。

升达师生或者到过升达的朋友们都知道，升达的楼堂馆所以及学校大门等许多建筑，庄重典雅，大气脱俗，别具一格，有着浓郁的中华传统文化气息，又与时代风格完美结合。父亲2014年在他著述的《升达情深》一书中这样描述：“走进校园，映入人们眼帘的是绿树葱葱、青草茵茵，一座座中西合璧、典雅别致、蔚为壮观

▲ 升达图书馆

的楼宇点缀其中，这般气韵，无不令人留恋爱慕。然而，殊不知，这样的建筑并非一蹴而就、一气呵成，而是经历了一番心思、一番努力。”当然，其中也有我的辛勤汗水。

1993年10月，学院的第一期工程10多栋楼房开始建设，为了显示升达的建筑特色，父亲决定将学院楼房建成古朴典雅、中西合璧的式样。如何突出这一特色呢？关键是要有大屋檐，也就是楼房的四角要架起斗拱、挑起飞檐，我很赞同父亲的想法，完全理解父亲的意思。父亲把他的想法告诉了建筑师，建筑师回答道：“没问题，房檐挑个‘钩’而已！”谁知行政大楼和1至6号学生宿舍楼等工程建好后，父亲感到很不理想，与他的想法有较大的差距，而且比例失调。同样，第二期工程开建时，父亲又把此事和建筑师比画着说了好一阵子，建筑师说：“简单小事，放心好了！”结果9至12号学生宿舍楼完工后，父亲仍不满意，也非常生气。在场的我心想，办一件称心如意的事就这么难？我提醒父亲，咱们光说不

▲ 今日升达鸟瞰图

行，如果我们再建楼房时，先找些图来，让人家照着建一定就能建好了。父亲认为我说的很有道理。

又过了两年，升达第三期工程开始建设之前，父亲带着他在中国台湾拍的大屋檐多幅照片回到郑州。我看到后非常高兴地对父亲说："这回好了，咱们有图样，让建筑师、比葫芦画瓢总错不了。"然而，问题又来了，必须要有设计图纸。找谁设计呢？父亲说找专家！在郑州，我比父亲熟悉，于是，我陪着父亲先后跑到核电工程公司郑州分公司（前身为国家核工业第五研究设计院）、郑州设计院、河南省设计院、郑州轻工业大学土建系和开封古建筑设计院等多家设计院，结果令人失望，他们都说“这种建筑国家没有标准，不易设计”。最后，我们又去找到河南省建筑厅原厅长、高级工程师袁拓荒。见到袁厅长，父亲说明来意，递上大屋檐照片，袁厅长思考了一会儿说：“请王老放心，我和我省设计院的张颖新高级建筑结构工程师（清华大学毕业）一起设计，一定会令您满意。”几天后，几张按比例的大挑檐屋顶结构图和效果图展现在我们面前。父亲连连称赞、拍案叫绝。从此以后，一栋栋斗拱飞檐的大楼在升达园陆续拔地而起！

九　升达速度 建校成功

1994年9月中下旬，终于，我们以泰山压顶的气概，以分秒必争的速度，以达标优异的质量，在不到一年的时间里，建好了升达第一期建设计划的16项工程。一幢幢大楼奇迹般地拔地而起，一条条宽敞的马路平坦铺开，一片荒野变为充满希望与活力的高等学府。这种一年建校、一年招收新生的速度，使大陆和中国台湾两地的朋友闻之都觉得难以置信，感到惊讶。他们说，我国的改革开放之初，建设深圳特区时在中国创造了“深圳速度”，王老先生创建升达，如今创造了“升达速度”。这个“升达速度”在海峡两岸的教育建设发展史上前所未有，留下了光辉灿烂的一笔。

这一期间，我们接到了国家教委6月21日签发的[教计（1994）145号]文件：《关于同意郑州大学与台北广兴文教基金会合作举办郑州大学升达经贸管理学院的通知》。

这一期间，在河南省当年的高校招生名额已分配完毕的情况下，我们到省教委、省高招办以及省委、省政府多次恳求，终于获得了升达学院1994年招生的300名本科调剂名额和600名电大招生名额。

这一期间，我们冒着炎热酷暑，组织人员分头到新乡、驻马店、信阳、洛阳、南阳等地分发宣传资料、设立咨询点，进行招生宣传，我还陪父亲到新乡百泉招生，使首届学生招生指标如数招满。

这一期间，我们成立了"升达大学校务发展顾问团"，组织召开了"升达大学校务发展座谈会"，邀请海峡两岸教育界20多位专家、学者，为升达大学的建设发展建言献策，给予宏观上的支持和帮助。

这一期间，我们聘请河南省多名著名教授担任评委，面向全省全国，克服许多不利因素，坚持公开公平公正的原则，优中选优，建立了一支优秀的教师队伍。

这一期间，在升达大学还没有完全建成、工作还没就绪的情况下，我们陆陆续续地接待了一批又一批的来访省市领导，国外大学访问团，以及媒体记者和众多考生与家长。他们的到来既是对升达的鼓舞，也为升达的发展带来了希望。

这一期间，我父亲还邀请"台湾师范大学"教育系教授盖浙生博士、育达高职副校长陈钟恩先生和前来代理学务长一职的吕鹏飞先生等，帮忙协调指导开学工作。

这一期间，宽敞、幽静的升达图书馆，购进了中外文经济、政治、哲学、历史、地理、法学、文学类等图书20000余册，期刊、报纸、资料近500种，设置4个大型阅览室600多个座位，欢迎新同学的到来。

1994年9月23日，金风送爽，桂花飘香。在这秋高气爽的季

▲ 升达首届学生报到照片

节、在这阳光明媚的日子，学校迎来了近千名首届学子。父亲高兴地说：“在河南办学，回馈家乡，我多年的心愿今天终于实现了。”他长长地叹了一口气又说，“为了在家乡办学，我是在拼着老命干呀！”虽然没办法跟父亲比，当年我已年过半百，何尝不是也在拼命付出、拼命奉献！

第五章

襄助父亲管理升达

“子承父业”，这在中华传统文化中，是普遍的现象，是人们通常遵循的人生法则；也是父辈们的希望，是晚辈们个人事业的重要选择。

我是父亲在大陆唯一的孩子，虽是女性，但“社会不同了，男女都一样”，在法律面前男女平等。父亲为什么费尽心力把我从新疆移居到香港？为什么在我已经40多岁时还逼着我去读本科、读硕士？在家乡创建升达学院，父亲为什么让我跟随其左右？平时，父亲为什么费尽口舌、不厌其烦地教育我要好好学习、提高素质、努力工作、学会工作？不就是让我在大陆替他管理好学校吗？不就是在他年迈之后让我继承他的事业、接他的班，去弘扬他一生钟爱的教育事业吗？

我曾多次暗下决心，一定不辜负父亲的期望，要勇敢地承担起这份责任，竭尽全力协助父亲管理好升达、建设好升达、发展好升达。绝不能住在父亲建好的“教育大厦”内坐享其成，绝不能躺在父亲的功劳簿上荒废人生。

我要像父亲那样勇于吃苦、不怕吃苦，团结带领升达学院的教职员工，在新的历史时期，在教育事业深化改革、快速发展的当今，全力发挥自己的最大潜能，把升达学院建设成河南一流、全国知名的民办高校。

一　出任升达驻校董事

父亲办事一向是有条有理、有条不紊，一码挨一码、一件接一

▲ 任驻校董事期间与父亲合影

件。1994年开春，升达建设工程如火如荼全面铺开，招聘教职工、购置设备、购置图书等工作也在紧密锣鼓地进行。这几件大事基本安排停当之后，父亲于1994年3月1日，在郑州国际饭店召开“升达大学第一届董事会”，安排学校的组织领导机构，使学校慢慢走上正轨，群策群力建设发展学校。会上，通过了《升达大学董事会组织章程》，确定了董事会由11位成员组成。分别是父亲王广亚、王淑芳、杨章武、靳德行、车德基、王怡平、王长强、范道镕、盖浙生、简瑞璋、陈玉琅。范道镕当选为升达大学第一任董事长，我被确定为驻校董事（又称董事），心情特别激动。

父亲让我出任升达驻校董事，这是父亲对我的栽培、对我的信任、对我的鼓励，是给我一个学习锻炼的机会。对此，父亲事先曾在董事会主要成员的碰头会上讲出了一二三，征求大家的意见。他说：“我几十年办学，一向是‘内举不避亲’，用人其长，用人其能，不分亲疏，不讲关系，唯才是举。大家知道，我在大陆的女儿王淑芳人生坎坷，非常可怜，小小年纪时就与父亲天各一方，音信杳然，且承受着沉重的家庭出身压力，在人前难以抬起头来。尤其是在20世纪60年代初，正值饥荒年月，她为了母亲及家人活命，独自远走新疆闯荡生活，艰难地挣几个活命钱寄回家中救急。这样炼狱般的日子她整整熬过了20多年。当她在大陆承受苦难的时候，我却远在天涯，不曾尽到为人父的责任。直到1984年，我才通过各种渠道使她能够到香港，与比她提前两年到港的母亲一起定居。淑芳在大陆上过中学，有一定的文化基础，在香港她又通过努力弥补了多年的学业损失。在回乡办学这一年多的日子里，我往来郑州她都伴随着我。实践证明她也有能力独自接洽办理一些事情。鉴于以上这些原因，我想安排王淑芳做驻校董事，负责财务和后勤工作，使她有实践锻炼的机会，也使我对女儿补偿一点感情和责任的亏欠。请大家谈谈意见。”父亲的话得到董事们的理解与赞同。

董事会召开之前，父亲找我谈话，让我担任董事后努力工作。他语重心长地对我提出五点要求与希望：一是要加强学习、善于学习，不断充实自己，不断提高自己的思想认识、理论水平与工作能力；二是要学会吃苦，这是干好工作的前提，只有艰苦奋斗才能在事业上取得成绩；三是要学会处群，就是关心同事、团结同事，在工作中时时处处、设身处地地常为同事着想，和同事搞好关系；四是学会用人，你不知道的别人知道，你不会做的别人会做，以人为本，和同事以诚相待，这样才能得到同事的信任与拥护；五是要谦虚谨慎，细心而大胆地工作，在该用魄力时要大胆加以运用，在细心时要精细缜密，不要取得一点儿成绩就沾沾自喜，更不能忘乎所以，忘了自己姓什么、是干什么的。总之，永远要保持一颗奋进之心，去迎接一个又一个胜利。

父亲的五点希望和要求，是准绳、戒尺、圭臬，是我出任驻校董事的行为准则与工作方法，也是我的奋斗方向。我牢牢记住父亲的谆谆教诲，在升达这个舞台上倾尽心力，忘我工作。

二　我对学校管理的思考

担任驻校董事之事一经宣布，我的角色也随之发生了变化，我进入了学校的领导层。我明白，驻校董事是由学校股东选举产生的、具有管理学校事务实际权力的人员，是学校内部治理的主要力量。其职位之重要、责任之重大，是我之前从未能想到的。既然成了学院的管理者，我就要考虑，如何协助父亲管理好升达？之前，我在“香港能仁书院”攻读过教育管理硕士，我要捋清我的管理思路。

什么是管理？

对于管理，我不去探究其深刻的含义，我注重真实的、看得见、摸得着的东西。我认为，管理就是做人做事的道理，就是如何搞好人际关系，如何提高工作效率；管理就是给人制造成功的机会；管理就是通过其他人来完成工作并不断改进工作；管理就是借力，发挥大家的能力实现单位的理想；管理就是发布可执行的命令；管理就是选择、激励、服务、沟通……管理的目的是效率和效益。管理的核心是人。管理的真谛就是聚合单位的各类资源，充分运用管理的功能，以最优的投入获得最佳的回报，以实现单位的既定目标。

传统的学校管理以刚性管理模式为主，刚性管理本质上是一种“以规章制度为中心”——依靠成文的规章制度和组织职权，凭借制度制约、纪律监督、奖惩规则等手段进行的、以外界约束力为主的管理。当今社会，尤其是进入21世纪以来，随着知识经济的发展，人们愈加认识到刚性管理的不足：学校管理理念缺乏“人本性”，学校管理实践缺乏“情感性”，学校管理决策缺乏“权变性”。

随着学校被管理者素质的提升，管理环境的不断变化和管理内容的相对复杂和创新，新形势下要求的不再仅仅是刚性管理了，而是以文化为新视角的人本化管理。

很显然，人本化管理是相对于刚性管理而言的，它是指在研究人们心理和行为规律的基础上采用非强制的方法，在人们心目中产生一种潜在的说服力，从而把组织意志变为人们自觉行为的一种“以人为中心”的管理。我非常认同人本化管理，人既是管理主体，又是管理客体；既是管理的出发点，又是管理的落脚点。我们强调依据人的自身心理和行为特征进行管理，这具有内在的驱动性、影响的持久性和激励的有效性等特性。

我倡导人本化管理并不是要否定刚性管理。两者虽在外部特征上有所区别，但在实现管理目标的本质上则是一致的，后者是前者的完善与补充，是在前者的框架上，管理思想和管理方法上的升华。正像人的肌体一样，刚性管理犹如人的骨架，人本管理犹如人的血脉，离开刚性管理，学校运行将陷于瘫痪、流于无序；离开人本化管理，学校发展将缺乏动力、缺少活力。刚柔相济，才会更加有效地调动人的主动性、积极性和创造性，实现学校管理的最优化，才是现代学校管理所追求的终极目标。

三　安得广厦千万间

唐代诗人杜甫在《茅屋为秋风所破歌》中写道：“安得广厦千万间，大庇天下寒士俱欢颜。”我在学校出任驻校董事，主管后勤总务，协助父亲搞基建造楼房，规划学校建设发展，是一件艰巨而繁忙的工作。“建造千万间宽敞高大的房子，让升达学子得到庇护、安心读书、个个笑开颜”则是我每时每刻需要认真思索与践行的工作。

升达的楼房等工程，是根据学校规模不断扩大、学生人数不断增加而逐年建造的。第一期16项工程于1994年8月底完工，第二期的2栋学生宿舍楼、专家楼、小吃街、艺文广场、明德广场、新浴池、体育馆、艺术大楼等8项工程于1995年建成，第三期的思源会馆、2栋学生宿舍楼、第二招待所、综合大楼、自力桥等5项工程于

▲　升达实训大楼图

1997年至1998年相继建成。以后，几乎每年都有工程上马。父亲是升达建设的总设计师，因为父亲大多数时间不在郑州，我就成了父亲的代理、襄理，也是工程的监理、监工。每一项工程设计审定、工程造价预算、工程招标、工程进展、工程质量、工程验收等一系列繁琐的工作，都需要我替父亲去打理、去督办、去把关。父亲的升达建设规划，涉及工程的每一件事，我都是亲力亲为，没有半点儿马虎。所以，升达的一草一木、一砖一瓦、一丘一壑、一山一水，都有我的心血与汗水。升达的每一项建设工程就像我的孩子一样，让我操碎了心，却又那么心甘情愿。以前我对基建工作什么都不懂，后来经常和基建专家在一起讨论，现在可以说我也是半个专家了。

许多事情都是“看着容易干着难”，就拿建汽车库、艺术大楼和艺文广场来说吧，原来这里是一条深沟，中间还有一个大土堆，我根据地形地貌，协助父亲在这里设计改造，将沟中的大土堆搬走填充勤俭路；将最西端通往中原工学院的沟头堵死，开始是挖建一排窑洞作为汽车库，后来又改建为两层小楼；在勤俭路西侧建起艺

▲ 晴耕雨读亭

术大楼；在勤俭路东侧建起艺文广场。在汽车库、艺术大楼和艺文广场的底部还有一个自西而东一排排的水涵洞。整体结构衔接巧妙天成、天衣无缝，就连省一级的建筑师看后都拍案叫绝。

2013年，父亲在校区东南角又购买了110亩土地，准备建造建工大楼。为寻求最佳设计方案，我曾围着全是土坡的地边走了一遍，一圈下来走了三四个小时，又对110亩地大门和教学楼的间距进行多次测试，回到家里脚都肿了。虽然受了点儿皮肉之苦，但心里很甜，因为我掌握了第一手的材料，汇报建设方案时，我得到了父亲的赞许。

搞基建，要为学生着想。2015年冬天，有学生反映去建工大楼路上的“天梯”太窄，冬天有积雪，经常发生事故。我赶紧跑去查看，随即便召开改造“天梯”会议、拿出方案立即施工，把天梯改成了涵洞，还装上了露天玻璃，既美观方便，又安全实用。2016年，我想让学生们住得环境更好些，确保宿舍宽敞、通风与采光，在新建32号楼女生宿舍楼时，我修改楼梯设计方案为150厘米×350厘米；走廊宽度为3.8米；宿舍内窗超过1.2米，这些都受到了师生们的一致称赞。

坐在校园无名岛的“晴耕雨读”亭里，父亲的话在我耳边萦绕：“会几个有见识的人谈文论道，做几件可流传的事震古烁今。”我能为父亲的教育事业出把力而欣慰。

四　民以食为天

常言道，“民以食为天”“人是铁，饭是钢，一顿不吃饿得慌”。这两则俗语也说明了食堂工作的重要性。我为父亲管理学

▲ 山水园餐厅

校，主抓食堂工作，我对食堂工作的希望和要求就是：窗明几净的温馨餐厅，一尘不染的有序厨房，有条不紊的伙食管理，精致卫生的美味饭菜，热情周到的优质服务——建师生满意的一流的食堂，让社会满意、让家长放心、让师生吃得舒心。

建校初期，学校只有南食堂和北食堂。北食堂相对来说还是临时的，可以说只有一个南食堂。从整体来看，南食堂布局相当合理。后来，河南省提出关于食堂建设的初步意见：前厅与后厨的比例要求为1：1，我们一点儿也不担忧，因为父亲对食堂建设的态度是“再贵也不能含糊”，1993年建校时，南食堂就已经达到了这个要求。为了让食堂更加温馨舒适，2006年，我又和父亲专门请中国台湾的设计师配合食堂抽排改造，对南食堂重新吊顶装修，桌椅更新。随着学生的增多，后来又建了龙湖食府、北生活馆、学苑会馆、教工餐厅等。2016年，我们对先期建设的几个食堂，又一一重新进行了彻底的装修。如今，学校的餐厅都是时尚舒适的桌椅，敞亮醒目的窗口，品种多样的饭菜以及人性化的管理和热情周到的服务，让师生们“好想来”“好再来”。

在公办院校，食堂是用学校资源来开办。一开始，升达雇人来给学生做饭，但随着学生人数的增加，这种雇人的模式已不适合。1997年，我了解到洛阳师院退休的伙食科科长王晋德在全国“做伙食”相当突出，就把他请来担任升达总务长和伙食科长，他给升达带来一种新的模式：全部承包，提高了食堂管理的社会化，不仅经营形式灵活，而且饭菜品种丰富，各种小吃应有尽有，师生们反映良好。

对于食堂工作，安全卫生永远都是头等大事。怎样保证食品安全？我们采用“统一采购”的方法。记得有一次一家承包商私自购买肉类，后勤部门向我反映后，我立马开除了他们，虽然那批肉质量没问题，但是这种行为严重违反了学校的规定。食品安全必须严管、严选食材、执行严格的卫生制度，这样才能让学生、家长放心。我在学校成立了师生参加的伙食管理委员会，建立了安全、追查等制度，贯穿于管理服务工作的方方面面。我深知，舌尖上的安全重于泰山，食堂作为学校后勤工作最重要的一部分，关乎学生最基本的生活和利益。食堂安全如果把不好关，一旦出了问题，轻则师生拉肚子，重则中毒，甚至会有生命危险，决不能轻视。一次，一个食堂的承包商，让师生吃了剩菜剩饭，造成部分师生肚子不舒服，我把事情查实后，马上取缔了其在学校的食堂营业承包。

我注重食堂建设，加强食堂管理，要求每个食堂管理工作者都要有窗口意识，提高服务水平，为学生提供更好的生活保障，满足学生在饮食上的各种合理要求，凡食堂和学生有纠纷，先批评食堂。这更能彰显学校对学生的关怀，促进校园的有序管理，从而促进校园和谐。

经过我与后勤工作人员的努力，升达自成立以来，尤其是近些年，多次获得“饮食卫生先进单位”“省会高校食品卫生管理工作先进单位”“河南省高等学校伙食工作先进集体”等荣誉称号。

五　安全工作重于泰山

安全工作重于泰山，确堡稳定是第一责任，稳定压倒一切。

高校的安全工作非常重要，是学校生存与发展的前提。民办高校的工作不像公办高校分工那么细，我负责学校的后勤工作，也包括安全保卫工作。自学校成立以来，如何维护学校正常的教学、科研和生活秩序，保障师生员工的生命和财产安全，构建平安校园，做好安全保卫工作是我极其关心、从未懈怠、一直思考的问题。我想，学生们乐意报考升达，家长们放心地把孩子送到升达，这就是他们对学校的信任。我们就要给他们一个交代，不止是学业上，更是安全上，这是必需的要求。

学校坚持把依法治校、建设和谐平安校园贯穿于一切工作的始终，以构建和谐校园为目标，以树立安全意识为主线，以强化管理责任制为抓手，以落实具体措施为重点，建立了维护安全稳定工作的长效机制，确保了学校的安全稳定，得到了社会各界的肯定和好评，被河南省教育厅评为“依法治教年”暨“六五”普法先进单位、获“河南省平安校园”“河南省依法治校示范校”等称号。

在当前科技迅猛发展的时代，学校开展“平安校园”建设活动，必须注重人防、物防与技防的“三防”并举、“三防”相结合的方法，其中，“物防与技防”就是加大投入、加强“平安校园”的基础设施建设，对此我一向重视和支持。现在，学校在各主要路段、各主要场所及校区四周安装监控摄像镜头800余个、32个分监控中心，安全技术防控率达到100%，实现了校园全覆盖、全天候运作。这800余个监控摄像镜头，犹如800多双警觉明亮的眼睛，每时每刻在关注着学校的动态，保卫着学校的安全。

平时，我常在校园散步，发现问题和安全隐患、事故苗头，立即或派人，或亲自去解决。有一次，我路过无名岛时发现岛上的8个石墩少了1个，我留意观察，第三天又少了1个。我责成工作人员一定要查个水落石出。经过黑夜蹲守，最后终于抓到一个泄私愤、搞破坏的学生，对他进行了严厉的批评教育。对这件事，职工们说：王董事抓安全，眼睛里揉不得半粒沙子，像神探福尔摩斯。

一个周末的中午，吃过饭我打电话找人，发现有两三个值班室均无人及时接听电话，我立刻意识到了问题的严重性。学校要求各个值班室每天昼夜24小时必须有人坚守值班，以防突发事件发生，节假日怎么能放松？我立即责成总值班室工作人员突击检查，果然，有好几位值班员脱岗。最后，我对凡不能说明合理理由脱岗的值班员，一律给予严肃的处理。事后，脱岗的事情很少再出现了，不少职工还赞扬我，董事长重视安全工作，敢抓敢管执行纪律严。也有人说我要求太严了。我告诉他们，不是我要求严格，而是这项工作放松不得、马虎不得，安全维系着师生的生命与财产安全，安全第一啊！

近几年来，网上报道有些高校发生抢劫、伤人的案例不在少数，我看了之后，很是担心。想到我们学校，有学生也曾反映寝室安全有漏洞，送快餐的，送快递的，什么人都可以进进出出。为了保证学生的安全，防止社会人员随意进入校园，我召开专题会议，决定在学校大门设置刷卡机器。进出校园刷卡，堵住了社会流动人员的随意进入。这个措施实施之后，受到学生们的一致称赞。

六　公关，升达顺利发展的助推器

随着教育社会化程度的不断提高，任何高校都处于复杂的关系网络之中，而且这种关系处于动态的发展之中，充满着各种矛盾，牵连着各种利益。如何办好这项工作？这就是“公关”，即公共关系。可以说，公关是社会组织同构成其生存环境、影响其生存与发展的那部分公众的一种社会关系。公关工作是一架桥梁，可促使本单位消除隐患、排除困难、解决危机，使本单位顺利发展，获得良好信誉与最大效益。

学校成立之初并没有“公关室”这个机构，也没明确这项工作由谁抓、由谁管。但学校需要“公关”的工作却很多。可能是由于我的身份特殊和办事能力强，当时凡学校与外界打交道的事，都推到我这儿来办理。为了父亲教育事业的发展，我谨记父亲“自己的痛苦自己知道，自己的问题自己解决”的教诲，不畏艰难困苦，事必躬亲，扛起了这副重担。直到2004年，公关工作越来越显重要，学校成立了公关室，聘赵万友任公关室主任，创办人也明确了这项工作由我来抓。

学校的“公关”工作千头万绪，任务繁多。每天都有一件又一件的事情等你去联系、去洽谈、去办理、去解决。比如，重要文件、请示报告、规划项目、证明材料的报批审核，需要跑河南省、郑州市、新郑市、龙湖镇各级政府相关职能部门，还有经常与省市台办、政协、统战、工会、妇联等各单位的必要联系，真是让我跑细了腿、磨破了嘴。不过，我都能较好地完成各项工作。另外，公关室还有负责上级领导、兄弟单位的来访安排，大型活动的贵宾接待，平时的对外联络，学校基建中的疑难问题的处理等。这其中，学校基建中的疑难问题处理是让我最为头疼、最为棘手的事。

2004年以前，龙湖镇有一排穿越校园的高压线杆，其走向从“50亩地”向东跨文昌路入校园，至运动场、篮球场向南，又经思源会馆、行政楼、艺文广场、健康中心，跨无名湖到后山进出校区，占校园用地几十亩，既不美观，又有安全隐患，还影响学校的规划，我们与当地供电部门联系协商，费了九牛二虎之力，终于将这排高压线移迁出了校区。

以前龙湖镇沿文昌路自北向南有一条排污管道，淮河路自西向东有一条排污管道，均从学校大门南边进入校园，一直破坏着校园的环境，令人伤透了脑筋。尤其是下大雨时，雨水污水排不及，常常冒出地面，臭气四溢。针对这种情况，我们与当地市政规划部门一次又一次地联系、协商，终于在2005年上半年，将这两条排污管道改道北上经六合路、泰山路注入罗垌污水处理厂。

在公关工作中，我常说“公关无小事”。因为它牵涉着学校的名声和信誉，牵涉着师生的利益，牵涉着学校的建设和发展。学校内的事情再大，与校外的事情比起来都不算大，校外的事情无论多小，都得按照大事来做，毕竟校外的事是我们没法左右的。每一次公关，上到去见省长市长，下到与地头工头打交道，我都事先了解情况、学习政策，走访专家，做好充分准备，想尽办法做协调工作，不遗余力地去争取、去维护学校的利益。多少个烈日当头，多少个寒风凛冽，我遵循着父亲的教诲，一趟趟的奔走，一次次的交涉，一件件的办理，迎来了学校一天天成长，一年年壮大，一步步有了今天的辉煌成就。我“苦并快乐着！”

七　走出国门与世界接轨

父亲创办升达，目的是把学校办成国内一流的经贸大学，使学校与世界接轨，走向国际化。让升达毕业的学生有能力融入国际市场，这样必须具有很高的英语水平。因此，建校不久的1995年4月，经父亲努力，学校与美国诺实务、布纳威斯塔两所大学建立了姊妹校关系；1995年9月，经河南省外事办批准，学校聘请9名美籍教授来校任教。于是，学校的外事工作被列入议事日程，先成立了外事科，后又升格为外事办，父亲把“外事”这项工作分由我来主抓主管。

外事办主要负责学校外籍教师的招聘和服务管理，学校对台的沟通联系，比如，赴台研习师生的选拔与手续办理；学校的国际文化教育学术交流工作等。

聘请外教来升达教书，不仅能体现和提升教学水平，更为升达学子学好英语创造了良好的条件，了解世界打下了坚实的基础，也为升达学子打开了窗口，促进他们拓宽视野，方便他们走进国际社会，提升人生价值。中国乃礼仪之邦，外教们不远万里来到中国、来到河南、来到我们的家乡，我们应以宾客相待。孔子曰："有朋自远方来，不亦乐乎？"所以，我对外教非常关心，努力增进与他们的沟通交流，不仅工作上给予大力支持，生活上尽力帮助，还组织他们参加黄河游览区植树等活动；我和父亲每年都为他们举办圣诞餐会，让他们在异国他乡感到家的温暖。2001年以后，外籍教师每年有20多人，多时达到30多人，外籍教师的质量也在不断提高。我们对外籍教师的管理服务严中有细、耐心周到、不失温情，帮助他们解决各种问题，以使他们能够安心教学。一位叫杰瑞的加拿大籍外教，对教学工作兢兢业业，暑期大多在校。按规定学校给外教报销回家机票，可他没有凭证，我就特批补给他回家的费用。他非常感激学校，教学成绩凸显，还被《大河报》宣传报道过呢！

近几年，升达学院对台工作日益频繁、有声有色，赴台人数不断增加，交流活动越来越多。至2016年，学院已组织12批300余人师生赴中国台湾省苗栗县育达科技大学研习。学校师生赴台研习，我们按照选派程序严格审核、选拔，认真帮助师生办理赴台手续，精心联系安排他们的食宿与学习课程设计。这一富有特色的两岸高校文化教育交流活动，是教育教学模式的探索创新，首开河南高校赴台研修之先河，是升达独有的办学实践，被誉为"豫台交流的典范"。近几年，一批又一批中国台湾师生来河南开展夏令营活动。每一批中国台湾青年来升达，我亲自欢迎他们，和他们交谈。我和外事办同仁本着全心全意为中国台湾师生服务的宗旨，不仅负责前期周密安排、后期热情接待、派人全程陪同他们在河南旅游、参访，还组织他们同升达学生开展座谈会、联欢会，让他们共同感受海峡两岸同根同源；共同体会中原文化的博大精深和中原经济日新月异的发展；两地青年结下了真挚的友情。

为了升达的发展和对外扩大影响，近些年来，我指导外事办积极开展国际文化教育学术交流活动。目前，已同韩国南部、清州、世翰大学，日本芦屋大学与名古屋产业大学，美国莫瑟大学、哥伦布斯州立大学、密苏里州立大学进行友好交流，有的签约了“合作办学意向”，有的实施“合作办学项目”。升达正在朝着国际化的方向稳步发展！

八　升达——花园似的高等学府

把升达校园建成“公园化”的学校是父亲的夙愿。升达创立初期，这里原是一片不毛之地，父亲下决心要在这片荒芜的土地上，去书写最新最美的篇章，去描绘最新最美的图画。

我十分坚信“环境育人”的理念。多年来，我和父亲一道参加了校园的绿化规划。在校园具体的绿化美化实施中，我遵照父亲的指示，联系购置花木，建立、管理绿化队伍，督促绿化工程施工，检查绿化美化成果，干了数不清的工作。学校创立的前些年，每年一到春天，我就和师生一起参加校园的植树劳动，2000年还参加了清理无名湖的义务劳动。为了实现父亲的绿化升达、美丽升达、人文升达的目标，我常年如一日，不辞辛苦地努力工作。

在升达建校初期，校园的北区和南区基本上全是一片片树林。至2000年学校扩招以后，校园的北区西边渐渐变成了宿舍楼，东边渐渐变成了教学楼。被学生习惯性地叫作后山的地方，有一片雪松林和桐树林，这些全是有着20年树龄的大树，可以见证升达的进步和发展。记得当初种植这些树的时候，我和父亲亲临现场和大家一起劳动。我们画好线、定好位，先把一个个树坑挖出来。父亲要求树坑不管从哪个角度看，必须在一条直线上，种上树以后再看树，同样必须要在同一条直线上。20多年来，来升达参访的人不在少数，他们被这些参天大树所吸引，被它们的整齐排列所震撼！

经常被大家谈起的一件事，是2003年建校十周年的时候，为欢度校庆，总务处在北生活馆一带的苗圃，举办了一个“种花才艺大比拼”。当时花工比较多，苗圃也比较大，两个能工巧匠各带领一组花

▲　校园风景图

▲　新图书馆大楼

工开展种花竞赛，看哪一组培育种植的花品种多、质量好、观赏性强。从此，这里就成了校园一道亮丽的风景线，成了师生们休闲、观赏、拍照的好去处，漂亮极了！

1997年，龙湖镇可以说还是一片荒芜，沟壑纵横，杂草丛生，满目荒凉。然而，这时的升达已嬗变成“沙漠中的绿洲”，散发着勃勃生机与朝气。不少前来参观的客人形象地说：校园外面像非洲，进到校园就像到了欧洲。

如今，升达绿树成林，青草如茵；湖水荡漾，嘤嘤鸟鸣；典雅楼宇，巍巍壮观。学校曾获郑州市“花园式单位”、河南省“园林单位”等荣誉称号。走进校园，宽阔的道路两边，两行法国梧桐如同排列整齐的仪仗队，迎接客人的到来。梧桐树之外的两行雪松，婆娑的枝叶如同婀娜多姿的少女，身着绿色的衣裙向你招手致意。举目四望，在中西合璧的建筑物之间，繁茂的女贞、泡桐、国槐、龙柏、黄杨、合欢让人目不暇接。尤其是校园的桂花，金秋时节花香四溢，沁人心脾；校园的银杏，深秋一到，金色的叶子耀眼夺目；后山的雪松林、桐树林，挺拔威武；湖边的垂柳，与清澈的湖水交相辉映；还有“国槐园”“核桃园”“桃李园”……让你流连忘返。

近两年，我们又在无名湖湖边修建了“天鹅三柏九道门”“鸳鸯梯”“609门”“孝廊”“观湖台”“沿湖走廊”等景观，升达越来越漂亮了！

九　为升达发展节省开支

“勤俭朴实，自力更生”是升达校训，也是父亲的办学思想，更是父亲对我和家人的要求。平时，他对我讲的最多的一句话，就是人们熟知的治家格言："一粥一饭当思来之不易，半丝半缕恒念物力维艰。"这句话，我熟稔于心。可以说，省吃俭用、节约过日子是我及我这一代人的生活习性，节俭的思想已根深蒂固地扎根在我的心里。

在学校，有人说我治校有道、理财有方、管理严格，堵塞了许多漏洞；也有人说我是"老抠"。我常想，父亲把偌大的一个升达交给了我，让我替他管理后勤工作，管理钱财物，我可不能挥霍浪费，当败家子。我一定遵从父亲的教诲，把钱用在刀刃上，把物用在正地方，本着节约俭朴的原则，精打细算，人尽其才，物尽其用，绝不浪费。

随着时代的发展、社会的进步、人民生活水平的提高，不少年轻人花钱大手大脚，摆阔炫富，对这些我非常看不惯，看到了就爱说几句。至于我自己，则仍然过着十分俭朴的生活：日常饮食，我仍觉得青菜、小米粥、包子、面条、馒头是最好的食物；家中的家具、电器，我20年没有更换；到饭馆吃饭，只要没吃完都打包带回家，下顿再吃。这种品质，我认为不管到什么时候，都不能抛弃。

在后勤管理工作上，我时时处处遵照父亲一贯节俭的教导，统一采购各类物品，严格控制低值消耗品，杜绝浪费。坚持该花的钱一定要花，哪怕是百万千万也不吝啬，花得干干脆脆；而不该花的钱坚决不花，即使一分一毛也不批办。当然，可花的钱也要节省点花。

学校的基本建设工程，每一次实行公开招标，我均参与其中。从方案到报价，再到建材质量等方面，我认真考虑比价，为学校节省开支、压缩开支。就拿燃煤购买招标来说，为了使师生能温暖过冬，我们每年都是夏天反季节购买燃煤，并采取多方位投标，在保证质量的基础上选择最低价位，这样能为学校节省不少经费。

我为学校节省开支，注重从一滴水、一度电方面入手。一个周六的下午，我在校园散步，走到图书馆前的自力路上，无意中发现马路北边有一股流水自北而南地流淌着，流进了无名湖中。我仔细观察这股流水是清净水而不是脏水。于是，我就决定顺着这条水流看个究竟，最终找到了这股水是从一栋教学楼中流出来的。我判断是供水故障或水龙头未关，马上联系相关部门负责人派工人去进行检查维修，结果是水管破裂，并且很快就被修复。否则的话，几天无人管会白白浪费多少水！还有一次，我到基层去了解情况，发现一个办公室开着空调，却大门敞开。看到之后我不顾情面，对部门负责人当场进行了严厉的批评。

2016年，我在审批文件时，发现有一个“聘请某某专业公司人员来院擦黑板”的签呈，感到非常奇怪，又非常生气，自言自语道：我们升达的教师怎么能娇贵到连黑板都不能擦的地步了！聘请人擦黑板，传出去简直是笑话！于是，我就让秘书把呈报签呈的工作人员找来询问缘由。这位工作人员振振有词地说：“教学楼黑板上的板书是用油笔书写的，用黑板擦和抹布都擦不干净，所以需要请专业人员来擦。”我听后更生气，说：“你们这些人简直不知道钱主贵，你们就不能想想办法？”随后，我和这位同仁一同到教学楼现场查看，我提出找来“洗洁精”“去污剂”倒在抹布上，结果轻轻松松地就把黑板擦干净了。

十　为升达，我累倒在工作岗位上

学校的后勤工作是很大的一块，事情繁多，千头万绪。建校以后，营建工作没有停止过，而且任务繁重；安保工作每时每刻都需要操心而不能懈怠；食堂工作与师生的利益密切相关马虎不得；外事工作、公关工作一项又一项接连不断地涌来。干起工作来，我是没有周末和节假日的，并以此为乐。

我是一个责任心很强的人，性格又刚强，凡父亲交给我的事情，我都是想尽办法去完成、去办好。然而，有时候事情办得不尽人意，时常会受到父亲的当面批评指责，我感到很委屈。但是，事情过后我会振作精神继续努力工作，从没有因为出力受气而撂挑子不干。

由于年轻时我在新疆艰苦打拼，身体透支，积劳成疾，有高血压，心脏也不太好，腰酸腿疼也时常发作。在协助父亲管理学校期间，操劳事情多、工作繁忙，我曾几次累出病来，不过，我都是“小病不下火线，大病不进医院”，一直坚持工作。2000年9月，郑州地区突遇连连大雨，学校的工人宿舍遭大雨冲倒，情况十分危急，我连夜和职工们冒雨救灾。因为操劳过度，又患了感冒，引起心脏病猝发。晕倒在学校后，立即被送到学校健康中心进行抢救，随后转到郑州某医院，后又转到北京某医院治疗。

在学校健康中心抢救时，父亲得知我突然病倒，急急忙忙地前来看我。当时，我的手背上打着点滴，鼻孔里插着氧气管。见到父亲，我说：“对不起，父亲。”眼泪便夺眶而出。这眼泪，不是因为病痛而流，也不是心里感到委屈而潸然，而是感到自己没能耐、没本事，在学校遇到灾难的关键时刻，在父亲的教育事业最需要我的时候，我怎么就病倒了呢？我给父亲添了麻烦，让父亲来看我。

看到我的病情，父亲瞬间眼含热泪，他劝慰我说，女儿是一个心性很刚强的人，平时工作忙，缺乏休息以致闹出病来。他表示，不论花多大代价，一定要设法让女儿快快地好起来，病痛折磨女儿与折磨父亲的心是一样的。

在我生病住院期间，父亲对学校其他领导说：“对淑芳，我总觉得有一份愧疚，或许是我不善于表达感情，或许是我对她的期望太高，她闹出病来，是因为我对她的要求带来太大的压力。在工作中还不愿让我知道她身体不适，硬撑着，为的是让我能满意她的表现啊！”

父亲回到中国台湾后，仍然放心不下我，寄给我一封信写道：“升达要蓬勃发展，要奠定永续发展的宏基，有待我们父女和学校同仁一起携手努力。淑芳，你是父亲的好女儿，承担了我的付托，你是驻校董事，责任就在肩上。因此，身先士卒做同仁的表率是必须的。纵然，父亲有时对你爱之深、责之切，但无不出于善意，出于对你的关爱，你工作上有好的表现，我会感到自豪和欣慰，若是你表现失误，我心中会有自责和失望。只因为你不是别人，你是父亲的好女儿。”

“父亲的好女儿。”看到父亲的夸奖，我的心里不知有多高兴！

父亲在信中还叮嘱我：“多留意保暖，不要过度劳累，心境要平和，听医生的嘱咐，保重自己，务必等身体完全恢复了再回校上班。”我闲不住，3个月后便又回到了我熟悉的升达、熟悉的工作岗位上。

第六章

难忘的升达岁月

人上了年纪，总爱回忆往事。近两年，每当我在办公中闲下来、思念父亲、翻看旧照片时，或者在家里背靠在沙发上，静静地闭上眼睛休息时，升达建校28年来难以忘怀的件件往事，就像过电影一样，一幕幕地浮现在我的眼前。尤其是升达与美国两所大学缔结姊妹校，父亲荣获韩国清州大学名誉博士庆祝会，修建“无名湖”，会见乒乓球名将王楠，为父亲举办80、90大寿庆祝活动，创办人塑像与建校纪念碑落成，开展“创办人周”活动，升达学院独立转设庆典，建设升达学院登封新校区，深入会计学院、商学院调研，撰写《我的父亲王广亚》一书，为父亲组织编辑《升达情深》初稿，指导学生开展劳动教育，等等，这些事、这些活动都让我记忆犹新、难以忘怀。

一　升达与美国两所大学缔结姊妹校

天公作美，晴空万里。1995年4月17日，是升达与美国诺实务大学、布纳威斯塔大学缔结姊妹校签约典礼的盛大节日。这天，校园里彩旗飘扬，巍峨的行政大楼盛装迎接远方的客人。上午9时30分，轿车载着尊贵的客人来到升达，他们是远从美国飞来的毕尔曼先生及夫人、托尔迈校长、柯肯尔副校长、孔希先生。还有从瑞士特意赶来参加盛典的世界国际校长会总会长史楚利先生及夫人，大韩私立中高等学校校长会严圭白会长及夫人。省教委副主任李文成先生、省委统战部副部长王德华先生及新闻界的朋友亦早早应邀出席。

会场设在3号教学楼107教室，主席台上方悬挂着巨大的红色横幅：升达学院与美国诺实务大学、布纳威斯塔大学缔结姊妹校签约典礼。当我与父亲陪同毕尔曼先生一行步入会场时，已恭候多时的学生们起立并热烈地鼓掌。

仪式开始，父亲致词。他说："今天是郑州大学升达经贸管理学院光荣而盛大的节日，我们迎来了尊贵的客人。古人有'桃园三结义''义结金兰'的佳话。今天，我们找到了结成姊妹校这一很好的交流方式，交流人才、交流学术、交流信息，取人之长，补己之短。"

艾伦·毕尔曼先生致贺词。他指出：三所著名学校本着传统友谊与诚恳关系结成姊妹校，相信今后在各方面的学术交流，在相互了解与善意结合下，必将共同创造出人类的福祉与繁荣。

托尔迈校长、柯肯尔副校长在轻松的气氛中简短致词，孔希先生幽默的翻译博得全场阵阵掌声与笑声。

接着，省教委副主任李文成、河南教育学院院长王玉洁分别致词热情祝贺。致词完毕，父亲、托尔迈校长、柯肯尔副校长分别在协议书上签字，摄像师把镜头对准了这一历史性的时刻，记者相机上的镁光灯闪烁不停，拍下了这一珍贵的镜头。创办人、托尔迈校长、柯肯尔副校长互换协议书，最后，由毕尔曼先生为三校结盟作见证。双方又互赠礼品，全场掌声雷动，气氛达到了高潮。

升达学院与诺实务大学达成以下三个目标：一是加强升达、诺实务两所大学之友谊关系；二是促进中、美两国文化之交流；三是强化双方对于学术机构之坚实信仰。升达学院与布纳威斯塔大学达成如下协议：在管理人员方面，我们之间交流了办学理念、学校行政经验与教学管理模式；在教师方面，两校之间教师可通过共同备课、观课、评课、教材研究及课程研讨等教学经验分享，促进专业发展及提升教学成效。与这两所国外大学结盟，必将增进东西方教育文化的交流，为升达学院带来最新的科技信息，对以后的发展也益处良多。

二　父亲荣获韩国清州大学名誉博士庆祝会

我的父亲、升达学院创办人王广亚博士荣获韩国清州大学名誉博士学位的消息传来，全院师生欢欣鼓舞。为庆贺这一特大喜讯，在1997年5月31日晚，升达学院在郑州黄河饭店举行盛大庆祝宴会。

我与父亲王广亚博士，校领导范道镕、侯恒、孙俊、张强武，台北育达陈钟恩副校长，以及本院240多名教师和20名学生代表出席宴会。

当父亲与省市领导和贵宾们进入宴会厅时，全场报以热烈的掌声。会议开始，侯恒院长首先致辞，他热情赞扬父亲不辞劳苦创办郑州大学升达经贸管理学院。他说，当父亲荣获韩国名誉博士学位的喜讯传到升达时，师生员工无不奔走相告，引为全院之光荣。接着，由台北育达陈钟恩副校长介绍父亲荣获韩国清州大学名誉博士学位的过程。他说，父亲一生奉献教育文化事业，早已是知名的教育家，他这一次就是以升达大学创办人的名义去韩国接受清州大学所颁赠的名誉经营学博士学位的。所谓“经营”，简单地说就是规划与管理。清州大学肯定了父亲规划和管理学校的特殊成就，所以主动颁赠了这个至高荣誉，是对父亲一生奉献教育文化事业的充分肯定和赞誉。

与会省市领导胡树俭、张凯亭、杨承训在宴会上致词，高度赞扬父亲爱国爱乡精神，称赞创办人桃李满天下。

父亲致答谢词。他说，这次他在韩国获得的荣誉，也是全体升达同仁的荣耀，对大家的辛苦工作表示感谢，对应邀赴宴的领导、嘉宾表示衷心感谢。此时，师生代表向父亲献花，父亲满面笑容，高举花束向大家致意，欢乐气氛达到了高潮。镁光灯不停闪烁，摄像机、照相机抓拍下珍贵的画面，记下这难忘的时刻。

宴会上，省歌舞团刘安周表演了笛子独奏，国家一级演员、郑州市豫剧二团团长虎美玲清唱了《抬花轿》选段，演奏技巧倾动四座。

三 修建波光粼粼的“无名湖”

升达学院创建之后，尤其是这些年，我经常陪同领导嘉宾在校园视察。当他们在湖边观湖赏景的时候，都会不由地赞叹湖水之清澈、景色之优美。学校的这一湾湖水，为美丽的升达校园平添了亮丽色彩。但是谁又能想到，在28年前的升达学院创建初期，这里却是一片芦苇丛生、沟沟坎坎的水塘。

常言道，有山则名，有水则灵。升达校园的这一片片水塘，父亲非常看好，并决心把它修建改造成优美的风景区。由于父亲来往海峡两岸不方便，经常不在学校，因此，建设“无名湖”的重担就落在我的肩上。经人介绍，我选择了一家设计公司，负责人是王万军经理。一家中牟县的引黄施工队，队长叫路文立。便因地制宜，对“无名湖”进行彻底改造，把湖边凸出来的地方铲掉，凹下去的地方填平，再把湖中的杂草芦苇清除干净。又投入艰难的清淤工程。我们把湖里的淤泥吸出来，用输送管道堆积在原艺文广场、图

▲ 南湖照片

书馆南边大坑及学校其他地势比较低的地方。在清淤过程中，由于施工电力不足、电压不稳，我便带着工作人员去新郑电业局商量解决用电一事，使困难迎刃而解；挖湖过程中，发现地下水位高，有一处泉眼，为了以后水位的稳定，我让工人在泉眼旁边砌了个石圈，保护泉眼，才有了后来的湖水荡漾。

在施工过程中，我跟施工队和设计人员建立了良好的关系，彼此都很熟悉，虽然他们都是农民工，但都是实实在在、勤勤恳恳，在施工中很用心，每天都是一身泥，我更加敬重他们。有时，我到现场察看，十分辛苦，我想，为了父亲的教育事业，我吃点苦算什么，虽然那时我已年过半百，但浑身充满力量。常常在工地搭把手，贡献自己的一份力量。为了赶工期，三九寒天，北风呼啸，黄沙卷起，工程仍在进行。当工人们踏进冰水中工作，我十分感动，慰问道：“大家辛苦了，注意安全，干一会儿歇一会儿。”没想到他们的干劲更大了。还记得有一天天气特别不好，雨夹雪，为了不冲散挖出来的淤泥，他们冒着雨雪仍在干活。父亲回到学校看到后，立刻出去买酒、买肉、买花生米，犒劳工人们，而工人们认为这是他们的工作职责，对父亲和我的做法很感动，这让我对他们更加敬重了。直到现在，我跟路文立队长、王万军经理还经常有联系。

清淤挖湖完工之后，我经常陪父亲到湖边漫步，坐在湖边的长椅上，看着波光粼粼的湖面、婀娜多姿的柳枝、以及来来往往的师生，一派岁月静好，内心十分满足。随着学校后期不断的建设发展，在我和升达学院原总务长的指导下，陆续又在湖边两岸扩建了孝道长廊、晴耕雨读亭、水榭九鼎、西子桥等，都成了师生们休闲学习的好去处。

公园化的升达校园令人心旷神怡、流连忘返！

四　会见乒乓名将王楠

2001年6月19日，夏季的天空骄阳似火，但我丝毫没有感到心情上的焦躁，内心倒是激情澎湃。这是因为全国乒乓球俱乐部“鲁能杯”超级联赛河南邦杰女队对辽宁本钢腾达队的比赛在升达

▲ 我与王楠合影照片

学院体育馆举行。这对热爱打乒乓球的师生们来说，无疑是一场盛宴。对升达学院来说，也是一种信任、一种荣耀。比赛队员中，我国著名乒乓球运动员、国家队队员、奥运会冠军王楠作为辽宁队队员前来参赛，更为在升达举行的体育活动增添了浓郁的气氛。

我对这次比赛很重视，同校领导侯恒、戎庭银、徐湘莲亲临现场，欣赏这高水平的乒乓球比赛。比赛开始时，学校领导对王楠一行人的到来表示热烈欢迎，体现出升达人的热情。同时，勉励升达师生发扬运动员们顽强拼搏、为国争光的精神，以饱满的热情支持北京申奥、支持祖国体育事业的发展。比赛一开始，在场人员全神贯注，生怕错过每一板精彩的扣杀，双方队员进行了激烈拼杀，最终，王楠领衔的辽宁本钢腾达队客场战胜了河南邦杰队。

比赛结束后，在行政楼举行了新闻发布会，双方队员、教练员、裁判员及有关方面负责人与我院的领导参加了新闻发布会。学务长赵亚宏对此次比赛的圆满成功表示祝贺，并代表学校向奥运冠军、著名乒乓球运动员王楠赠送了纪念品。省会部分新闻单位的记者朋友们参加了发布会，对运动员和教练员进行了采访。

王楠的到来，受到升达师生的热烈欢迎。赛前，她与我校领导及莅临比赛现场的各位来宾亲切握手并合影留念，我和王楠进行了较长时间的交谈，她没有世界冠军的架子，言语柔和，礼貌大方。交谈中，我获知王楠7岁开始打球，1989年进入辽宁省队，1993年入选国家队，2000年悉尼奥运会获单打冠军、双打冠军。这一年王楠23岁，同龄人可能还在上学，但她已经成为世界冠军，我可以想象她取得如此成绩的背后，一定是付出了巨大的艰辛，心中对这个为国家体育做出贡献的小姑娘感到佩服。其间，我向她介绍了升达的特色，学校取得的成绩。她预祝我们升达学院越办越好。

这次比赛，让我领略到国家青年运动员的精神面貌，对国家体育事业的发展充满信心。同时，我也对升达学院学生们的体育活动更加上心，也期待以后还会有这样高水平的比赛能在升达体育馆举行。

五　为父亲举办八十、九十大寿庆祝活动

2001年9月29日，升达学院在龙湖报告厅为创办人、我的父亲举办八十嵩寿庆贺茶话会。作为女儿为父亲庆生，这是最为荣耀、甚是兴奋的事情。整个筹备庆贺会中，我特别上心，把每一个细节都想得十分周到，把每一个场合都布置得喜庆再喜庆、温馨再温馨。整个庆贺会，我自始至终都是满怀激情。当我陪着佩戴着花环的父亲走进会场时，受到了参会贵宾与学校师生们的热情欢迎。

在庆贺会上，侯院长热情洋溢地致贺词。他说："我们升达取得的成绩，凝聚了创办人的心血，他不仅无私奉献了毕生的积蓄，

▲ 父亲大寿照

而且把50多年办学实践的经验全部奉献给了升达。他不仅有高尚的办学理念，而且身体力行，为我们树立了榜样。”侯院长代表全校师生向创办人敬献一块红匾，上书“杏坛巨人，德泽乡梓”。

父亲在致谢词中说道：“今天，升达以这样的方式庆祝广亚80岁生日，本人实在不敢当。我这一生向来不过生日，因为我知道过生日要麻烦大家，感到过意不去。人生应当报恩、报答父母，报答帮助过我们的人。升达能有今天不是我有本事，而是大家的帮助。我希望在我有生之年，升达蒸蒸日上，办得更好！”

随后，在学生合唱团深情演唱《祝你生日快乐》的歌声中，我的父亲切开了象征八十大寿的8层生日蛋糕，并接受了大家敬献的鲜花。

2010年迎来了父亲的九十大寿。6月6日这天，升达学院在郑州为父亲举办90嵩寿招待会，招待会大厅红灯高挂，标语高悬，群贤毕至，高朋满座，欢快的乐曲滚动播放，闪烁的华灯流光溢彩，一派喜庆热烈场面。招待会上，河南省徐济超副省长讲话，他说：“王广亚先生用毕生的心血、毕生的积蓄投入到教育，创建了一整套带有王氏特色的教育文化和学校文化，为河南的教育事业做出了突出贡献，我代表省政府向王广亚先生表示衷心的感谢！”

我的父亲致答谢词：“今天，各位在百忙之中出席宴会，我感到非常高兴，非常荣幸。改革开放后，我有机会回乡办学，虽历经艰辛和曲折，但我为祖国尽力、为家乡造福的初衷从未改变，对教育事业的热爱从未改变。这些年来，我仅为家乡做了一点力所能及的工作，家乡却给了我很高的荣誉。今天，我要借此机会，再次向各位领导、各位嘉宾和我的亲人朋友、父老乡亲表示衷心感谢！”

随后，艺术学院的师生奉献了一台时尚精彩、喜庆欢快的文艺节目表演，使招待会格外增辉添彩。

这两次为父亲庆生的同时我都平添了几多牵挂。父亲已是耄耋之年，正该享受天伦之乐，可他依然忙于事务、忙于事业，经常奔波于海峡两岸，总有做不完的工作，我很心疼他，劝他别操劳太多，多注意身体，可他从不在乎，总是亲力亲为，想为大家多做事。不过，令我欣慰的是，父亲80大寿期间，学校《校报》专门出了一期以“贺八秩华诞，品如嵩岳，祝亚公康健，福荫升达”为主题的征文活动，学校各级领导及师生都用发自肺腑的语言，表达了对父亲的敬仰之情。随后郑州升达学院学校专门开设了专栏“王广亚教育理论研究”，对父亲的教育思想进入了深入的探讨。

六 创办人像与建校纪念碑落成

在升达学院万兴体育馆东南面、升达大道北侧的广场上坐落着升达学院的“建校纪念碑”，在修建“建校纪念碑”的同时，该处

▲ 父亲铜像图

还修建了一尊父亲的铜质雕像。

为了感恩颂德、铭记史业，升达学院从2009年5月起，便开始着手设计制造创办人雕像，建造建校纪念碑。历时5个月即宣告建成。创办人雕像和底座总高3.65米，象征着父亲一年365天天天和师生们在一起。雕像后方矗立着8根罗马风格的雄伟石柱，寓意着父亲88岁大寿。石柱中间镶嵌着建校纪念碑，碑文是这样记载的：著名教育家创办人王广亚博士，河南巩义人，旅居中国台湾60余年。毕生献身教育事业，致力文化传播，兴办学校10余所，培养学子30余万人。创办人心系祖国，梦萦故土，为回馈桑梓，造福家乡，古稀之年投巨资两亿多元创办升达学院：1993年奠基，1994年招生授课。学院占地千余亩、湖光楼影，水木清华，条件优越，设施先进，管理严格，校誉日隆，堪称河南同类高校之翘楚。遥想当年，此地沟壑纵横、杂草丛生，然创办人筚路蓝缕、披荆斩棘，终使旧貌换新颜；追忆建校之初，坎坷颇多，艰辛无数，幸得创办人夙兴夜寐；呕心沥血，师生齐心协力、克难攻坚，各级领导每每慨伸援手，升达始能一一突破困境，渐有大成。落其实者思其树，饮其流者怀其源。为感念创办人王广亚博士兴办升达之崇德，铭记社会各界支持升达之恩情，谨立此碑，以寄语广大师生常怀感恩之心。纪念碑的背面刻有升达精神：爱国爱校，宁静好学，礼让整洁。

雕像底座为方形，刻有广亚生平，8根石柱组成半圆形，二者相互映衬，呈地方天圆图形，体现了中华民族的传统文化与传统建筑，且有吉祥、和谐、“天人合一”之意。

2009年10月30日上午，鼓乐声声，鞭炮齐鸣，活灵活现的狮子激情狂舞，五颜六色的礼花空中炸响，好一派节日喜庆景象——升达学院“创办人像落成暨建校纪念碑”揭幕仪式在此处隆重举行。学校领导、各系部主管以及师生代表300余人参加仪式。“台湾桃园育达高中”校长室主任王怡平先生、美国亚区资本投资公司总裁王怡康先生也应邀参加仪式。

仪式开始，会场上顿时一片欢腾。接着，崔慕岳院长向创办人像落成及建校纪念碑揭幕致词。他说：“今天，即将展现在我们面前的创办人像和建校纪念碑，既是我院大学文化的重要载体，也是创办人对师生人文关怀的重要体现，必将作为我院的标志性人文景观和一个新亮点，永远散发出耀眼的光芒。我相信创办人的丰功伟绩必将成为一座高大的丰碑永远载入升达建设和发展的历史画卷中。”

随后，其他领导、教师代表、学生代表也在会上做了热情洋溢的发言。当学校领导及中国台湾贵宾共同揭开创办人像与建校纪念碑大红绸布时，烟花四射，鼓乐齐鸣，会场上响起了雷鸣般的掌声。我和大家共同分享了这一激动人心的时刻。我表示，坚决秉承父亲的意志，竭尽全力，把升达的事情办得更好。

七　开展“创办人周”活动

2008年前后，升达学院在我的参与和精心策划下，连续数年、多次举办“创办人周”活动，旨在让全校师生更好地了解创办人、

▲ 父亲与学生合影

我的父亲王广亚博士的教育思想、办学理念、精神世界与人生经历，从而激发师生的学习与工作激情。

2008年4月14日，明媚的阳光将升达校园抹上了一层亮色，在和煦的春风中，学校本年度的“创办人周”活动隆重举行。开幕式上，崔慕岳院长致开幕词：他简要介绍了父亲及其办学经历，阐释父亲60多年来办教育过程中总结出的办学理念，对父亲造福家乡、回馈乡梓的精神表示敬意。随后，与会人员一同参观在图书馆大厅举办的“教育巨擘，杏坛楷模——创办人王广亚博士”主题展览；4月16日，校刊社以彩版、大篇幅报道了“创办人周”的有关活动，介绍了父亲的办学经历、办学理念，刊登了颂扬父亲的诗歌。4月17日上午，创办人塑像揭幕仪式在图书馆前的北草坪举行；4月17日晚，我陪同父亲和海峡两岸的贵宾与学校领导师生一起在艺术学院音乐厅欣赏了《创办人周·升达之春歌舞晚会》。

2009年4月15日至23日，升达学院精心举办了2009年度“创办人周”活动。活动内容有“创办人书法艺术展”“创办人教育思想学术研讨会”“创办人书法艺术赏析”等。4月15日，“创办人周活动暨文韵书香，杏坛之光——王广亚博士书法艺术展”在图书馆大厅开幕。书法艺术展共展出父亲有关教育、办学、读书、做人做事、人生哲理等方面的题词、题字及图片近百幅。4月21日，学校在第二会议室举办了“创办人教育思想学术研讨会”。4月22日，学校在国际会议厅举办了“创办人书法艺术赏析”报告会。

2010年4月12日，父亲从中国台湾飞抵郑州，在我和其他校领导的陪同下，父亲来到学院图书馆，观看正在此处举办的2010年度“创办人周”活动之一——“教育家创办人王广亚博士创校办学60年回顾展”。在图书馆中庭，看到父亲健步走来，众多同学迎上前鼓掌欢迎，向父亲问好。父亲饶有兴致地观看了“回顾展”。

当看到他亲手题写的“勤俭朴实、自立更生”的校训时，他深有感触地说：“我所创办的10余所学校，就是靠这八个字实现的。”在升达学院初创时期的照片前，父亲驻目良久，感慨颇深。崔院长指着照片对父亲和一同观看图展的同学们说：“我们的创办人就是在这沟壑纵横、满目荒凉的土地上和如此艰苦的环境下创办了升达。”听了之后，父亲颔首微笑。整个图展内容丰富、制作精美，令父亲非常满意，观看完图展，同学们挽着父亲的臂膀，拥抱着父亲，争相与他合影留念。

通过举办创办人周系列活动，全院师生对父亲的办学理念有了更深的理解，更加珍惜良好的学习环境、工作条件，决心以优异的成绩报答创办人。

八　升达学院独立转设庆典

2011年5月8日上午，坐落在郑州郑东新区的河南艺术中心花团锦簇，飘红镶彩，一派节日景象。郑州升达经贸管理学院独立转设揭牌庆典在这里隆重举行。这是河南民办教育的一件盛事。来自河南省市领导、中国台湾教育界、企业界代表160余人以及学院师生近2000人参加庆典仪式。

1993年，父亲在新郑市龙湖镇创办升达学院。当时，因国家政策所限，学校与郑州大学合办，挂靠在郑州大学名下，是郑州大学的二级学院。然而，父亲一直希望升达独立出来。2011年4月，经教育部批准，升达学院独立转设。如今，父亲的夙愿实现了，终于办成一所独立的民办大学，心里有说不尽的喜悦。

庆典由院长崔慕岳教授主持。在庄严宏亮的《国歌》声中，庆典拉开帷幕。首先，省教育厅副厅长李敏宣读教育部4月7日教发函[2011]72号：《教育部关于同意郑州大学升达经贸管理学院转设为郑州升达经贸管理学院的通知》。接着，我的父亲、学校创办人王广亚博士致词。他心中充满了感激之情，感激国家改革开放的政策；感激省市各级领导的关心支持；感激龙湖镇政府的鼎力帮助；感激郑州大学的悉心指导；感激在升达工作过或效劳过和如今还在职的教职员工；也感谢升达已毕业和未毕业的学生，为学院争得了

▲ 升达转设庆典照片

荣誉。父亲表示：升达尽管已成为一所独立的民办高校，但是它不是我们的个人私产，升达是属于国家的、属于社会的。

河南省副省长徐济超、海协会副会长张铭清分别讲话。他们向升达学院成功转设表示热烈的祝贺！向创办人王广亚博士致以崇高敬意！他们希望升达站在新的历史起点上为祖国培养更多的优秀人才。会上，还宣读了嘉宾的题词与兄弟院校发来的贺电、贺信。兄弟院校嘉宾代表、中原工学院院长崔世忠在会上致词祝贺。河南电视台、河南教育时报、大河报、郑州电视台等媒体记者采访报道了这一颇具影响的活动。

此时此刻我想，升达学院已经走过了不平凡的18年，我们一定以今天挂牌为新的起点，在创办人的指导下再接再厉，用更高的标准去做好今后的工作，办出自己的特色，创出自己的品牌，用先进的办学理念、优美的育人环境，将升达学院打造成省内外知名的高校。

九　建设升达学院登封新校区

2012年，为了升达学院的未来发展，我校在登封市卢店镇新征校地约2000亩。该新校区位于登封市卢店镇东，S316省道南侧，北临“郑登快速路”，规划建筑面积为666630.67平方米。

2013年1月2日，升达学院20周年校庆植树纪念活动在登封校区举行。父亲与友人戴志成校长、盖浙生博士及中国台湾各友好学校校长、卢店镇政府孔玉峰镇长等嘉宾出席植树活动；当地崔岗村、吴岗村也分别组织村民代表参加此次活动。我和校领导崔慕岳、戎庭银、张金安、王新奇等参加了这次活动。活动中，父亲与大家一起，挥动铁锹，挖树坑、培土、浇水植树，一派热火朝天的景象。植树活动结束后，领导和嘉宾们在所植树苗的红绸缎上签名留念，以示纪念。此次活动共植树20棵，代表着升达走过辉煌的20年，也寄予升达在这片新开辟的土地上，将蓬勃发展、蒸蒸日上。

十年树木，百年树人。升达学院登封校区建设工程还未动工，绿化先行。今天，我们陪父亲在此栽下一株株幼苗，来日必将成为扎根登封、绿荫如盖的参天大树，也必将像父亲的教育事业一样生机勃勃、枝繁叶茂、繁荣昌盛、兴旺发达。

3月1日，在父亲的指导与关心下，我派驻校董事王新奇、总务长张其武、公关室主任赵万友及总务处同仁等一行9人，陪同中国台湾贾孝远建筑师事务所的赵国瀛总监、柳余规划师，前往登封参加新征校地项目规划会并实地规划校地建设。

4月17日，我校登封校区总体规划评审会在升达学院举行。我校邀请郑州市规划局资深总工程师李景森及曾对我院规划建设有突出贡献的老专家赵安珩做评审专家。父亲亲自出席评审会，中国台湾知名教授戴志成、我和其他校领导及工作人员参加了评审。应聘参加设计的单位有："台湾龙泰建筑师事务所"、西安贾孝远城市建筑设计有限公司、机械工业第六设计研究院有限公司、核工业第五研究设计院及郑州大学综合设计研究院。五家单位分别进行了调研与实地考察，逐个详细汇报并演示PPT。他们从总体规划理念及创意、功能分区架构及交通道路等一一讲解汇报。通过13位评审专家现场评审，最终，"台湾龙泰建筑师事务所"、西安贾孝远城市建筑设计有限公司、郑州大学综合设计研究院入围前三名。本次高标准高质量的规划评审，为把登封校区打造成一个创新时尚的美丽校园奠定了良好基础。

2014年8月28日，我校全体主管赴登封市锦鹏酒店举办2014

年暑期主管研习营。父亲在百忙之中拨冗出席、指导研习营举办。我和校领导崔慕岳、戎庭银、张洁、张金安、王新奇、段丰乐及各部门主管参加了开营仪式。这天上午，参加研习营的领导和全体成员在前往营地途中，顺道到学校登封校区参观。看到正在规划中的新校区，已圈起围墙，湖塘工程正在施工，我父亲的脸上一直堆满笑容。我也满怀喜悦地带领大家去察看校区的地形地貌，向大家介绍新校区的建设规划。大家对升达学院的未来发展充满期望。

十　深入会计学院、商学院调研

为深入了解学校基层教学单位的教学组织管理、教师教学、学生学习等情况，我曾深入会计学院、商学院进行调研。

2013年10月9日，我来到会计学院（原会计系），走进教室，看到教师在讲台上讲课精神饱满，语言流利且风趣幽默；学生在课堂上全神贯注听课、积极发言，师生之间互动，配合默契，我感到很欣慰。来到会计学院办公室，我认真地听取了学院党总支书记朱建良、院长张欣的工作汇报，与学院管理人员、骨干教师、辅导员等进行了深入交谈，了解到会计学院教学科研及学生工作的开展情况、存在问题及工作意见与建议等。得知会计学院的会计专业先后被评为省级特色专业、品牌专业等，我感到由衷高兴。我认为，会计学院是我父亲、学校创办人最为看好、最为关心关注的专业学科，投入精力最多的教学院系，当前发展态势良好，前景广阔，潜力很大。我希望他们要有危机意识，争取百尺竿头更进一步，在激烈的竞争中勇立潮头。我向他们提出了四点工作要求：一要加强实验室建设，改善教学条件，增强学生动手能力；二要加强考研考证工作，争取让更多学生取得相关专业资格证，为以后就业打下基础；三要加强学生的教育管理服务工作，关爱学生，严管慈教，为学生快乐学习、幸福生活创造条件；四要加强专科教学工作，结合专科学生特点，完善人才培养方案。

2013年11月20日，我深入商学院（原营销系）调研，与学院领导、教学秘书、部分骨干教师、辅导员等亲切交谈。我了解到，商学院本科教育质量工程建设成绩瞩目，科研成绩硕果累累，在考研、考证、学生参赛、就业等方面不断取得新成绩。2012年，商学院被省教育厅评为“河南省高等教育教学工作先进集体”。

于平主任向我汇报了本部门近期的工作情况，她说，市场营销学、物流管理、电子商务、广告学这4个专业均符合社会发展要求，毕业生就业率年年保持高位。2013年，市场营销专业被省教育厅评选为专业综合改革试点，该学院有18人考取了上海社会科学院、华中师范大学、郑州大学等高校与研究单位研究生，考取研究生比率较上年提高了1.6个百分点。

听完汇报后，我认为商学院是一个团结奋进的集体，是一个刻苦钻研的集体。我希望他们更加努力工作，争取更大成绩。对商学院以后的工作，我提出四点要求：一要有敬业精神，立足本职工作，想法设法把工作做精、做细；二要有实践思路，营销专业与市场经济发展有着密不可分的联系，我们要走出去跟企业合作，为学生增加实践经验；三要有创新精神，市场竞争激烈，我们要解放思想，开阔思路，遇到问题要敢于探索，攻坚克难；四要加强对学生的教育管理和服务，为学生创造更好的学习条件，培养更多优秀的国家和社会所需要的人才。

我相信，全体同仁齐心协力，学校的未来发展会越来越好，各个学院也会取得更加优异的成绩。

十一　撰写《跨越海峡两岸的教育实践家——我的父亲王广亚》一书

▲《我的父亲王广亚》封面照片

我出生在一个大动荡、大变革的年代，生长于一个特殊的环境、特殊的家庭中，我的人生道路可谓艰辛坎坷。但是，后来我的人生成长与变化以及我的事业都与父亲密不可分。父亲对我无微不至的关怀，严格的言传身教，都让我受益匪浅。特别是在协助父亲兴办教育事业中，我深刻领悟了父亲的办学精神、办学理念等。对父亲在办学过程中不畏艰苦和父亲的博大胸怀与高尚品德更加敬佩。尤其是父亲的经历，对我震动很大。我感到，作为父亲的女儿，有责任也有义务把它记录下来，否则，我会终身遗憾。这是我报答父亲、感恩父亲久久深藏心底的一个夙愿，也是我想送给父亲的一份礼物。于是，我从2010年起就开始着手撰写《跨越海峡两岸的教育实践家——我的父亲王广亚》一书。

我把准备撰写此书的想法告诉父亲，起初，他不同意，说一家人自己写自己有什么好写的？又过了一段时间，我把《跨越海峡两岸的教育实践家——我的父亲王广亚》一书的写作计划向他比较详细地做了汇报，听了一章章的规划内容实实在在、排布有序、合情合理，他不再反对。之后，他还不时给我提供素材、资料，询问撰写进度。后期他还让中国台湾专家帮他对书名进行认真斟酌。

父亲一生奔波劳累，四处兴教办学，在海峡两岸为民办教育事业发展做出了卓越贡献。几十年来，在办学过程中，他遇到过重重困难，品尝过说不尽的酸楚、苦辣，也受到过许多冷眼相待。一路走来，着实不易。天道酬勤，老天使父亲的教育事业取得巨大成功。尤其是1993年在新郑创建了郑州大学升达经贸管理学院；2005年又在巩义创建了郑州成功财经学院。这种热爱祖国、热爱家乡、热爱教育事业的崇高精神和高尚品德令人感动，不仅得到了人民群众的高度赞扬，也受到当地政府的充分肯定与褒奖。他创办的郑州升达经贸管理学院，被河南省教育厅誉为河南民办教育史上的一座丰碑。作为父亲的女儿，我感到骄傲、自豪。

经过两三年的辛勤努力，《跨越海峡两岸的教育实践家——我的父亲王广亚》一书终于问世了，这让我激动不已，久藏胸中的心愿得以实现。写这本书的过程，也是我向父亲学习与提高的过程，慢慢地走进了父亲的精神世界，读懂了父亲的思想理念。尽管我对父亲一生的光辉成就叙述得不那么全面，对他的心路历程、思想感情捕捉得不那么详细，但这是我对父亲的真情回报，对升达建校二十周年的深情礼赞！

《跨越海峡两岸的教育实践家——我的父亲王广亚》一书出版后，父亲甚感欣慰。在郑州下榻的酒店床头上专门放了一本时常翻阅。

十二　为父亲组织编辑《升达情深》初稿

2013年11月1日，升达隆重举办了建校20周年庆祝会。父亲心潮起伏、激动万分，他在大会上发表了激情澎湃的讲话。之后，还在升达《校报》上发表了一篇题为“坎坷风雨路，光辉二十年”的文章，洋洋洒洒四五千言，但他仍感言犹未尽，心中仍积满许许多多的话想说。在此期间，在他的办公室，当父亲拿到《跨越海峡两岸的教育实践家——我的父亲王广亚》一书，轻轻地翻动着书页时，他的心情好像有所触动。我看到他的脸上流露出灿烂的笑容，嘴唇动了动，好像要夸奖我，但没有说出口。过了一会儿，他抬起头很认真地说，升达学院已走过20度春秋，我对升达付出的太多太多，我对升达的感情很深很深，请帮我整理一本“升达情深”的书吧！

于是，按照父亲的指示和具体指导意见，在我的组织安排下，大家周末、寒暑假加班加点，不懈努力、连续奋战，从2013年11月份开始，经过10个月的时间，于2014年9月把近30万字的《升达情深》初稿拟完。随后，交送我的父亲审阅。父亲提出了具体的修改意见，又经过修订后于2014年21周年校庆期间，《升达情深》一书出版发行。

10月31日，学校图书馆中庭装扮一新、格外喜庆，父亲新著《升达情深》首发式在这里隆重举行。只见台前的一排桌子上，整齐地摆放着系有红绸带的一本本《升达情深》新书，会场上播放着轻快的音乐，一派节日景象。

我陪父亲出席他的新书发行仪式。他特别高兴，一直对我说，升达不是我个人的，是大家的，如果没有大家的帮助，学校不会建设得这么好。

仪式开始，学生代表向父亲敬献鲜花，父亲接过花束，亲切地问候学生代表并与其握手合影留念。崔慕岳校长致词道，创办人新著《升达情深》是我们敬爱的创办人的又一部力作，也是学院一件可庆可贺的大事、喜事！希望大家认真研习，从书中深刻领会创办人的教育思想与办学理念，认真学习创办人的创业精神和高尚品德，为祖国、为社会做出突出贡献。在欢快的音乐声中，父亲向学校各单位领导赠书，为师生签字赠书，并与师生合影留念。

父亲新著《升达情深》一书，是他对自己教育人生的无尽感慨，是他对创建升达的深情回顾，是升达建设发展的光辉历程与经验总结，是升达全体师生宝贵的精神财富。这本书较为全面地记录了升达创建、成长、发展过程，更加系统地阐述了父亲与升达的浓浓深情。该书共分12个篇章：初创升达的苦与乐、我的教育思想与办学经验、升达的教育教学特色、升达的大学文化、升达的建设发展与主要建筑、升达发展重大节点与庆祝活动、学院的招生就业工作、文化学术交流与校际往来、升达的支柱——董事会与历届院领导、可敬可爱的升达人、好风凭借力送我上青天、名声遐迩校誉隆。

十三 指导学生开展劳动教育

升达学院十分注重学生的养成教育和全面发展，形成了独特的育人模式——“劳动育人工程”。劳动教育以团体劳动、工读劳动和基本劳动为主要形式。其中，基本劳动将劳动教育作为一门课程纳入教学计划，每年秋季新入学的学生，都会从上一届学生的手中接过扫帚，打扫校园环境卫生，用自己的劳动创造清洁的学习生活环境。劳动育人这一特色校园文化，在升达建校以来传承至今，让学生在身体力行中，体会到劳动的辛苦，感受到劳动的快乐和成就。

劳动教育这一教育模式在众多高校中独树一帜。实行劳动教育，旨在把学生培养成优秀的接班人，使学生走出校门，不仅具有丰富的科学知识与专业技能，还应具有热爱劳动的良好品德。

我秉承父亲的教育思想与办学理念，对学校的劳动教育十分重视。平时一有时间，我就来到学生中间，向他们灌输正确的热爱劳动思想，教他们打扫卫生的方法与生活点滴，比如“洗脸洗鼻子凹，扫地扫墙根脚”等普通的道理，还与同学们亲切交谈劳动教育的体会。对于近些年入学的学生，我想，他们都是“90”后，大多数是独生子女，在家父母娇生惯养，很少劳动，来到大学很有必要补上这门课。学校开展这项活动，主要目的在于通过一点一滴的养成教育，培养他们热爱劳动、热爱生活的习惯。

升达被誉为花园式校园，美丽、整洁，正是通过每一位同学的劳动取得的。同时，在劳动过程中，同学们分工合作，加深相互之间的交流与沟通，使同学们感情更亲、班集体更团结。参加劳动教育的学生表示，卫生整洁的校园是我们亲手打造出来的，我们更加珍惜自己的劳动成果，积极参加劳动教育，养成良好的劳动习惯，为我们的大学生活添彩，为我们的学校增光。

升达学院“劳动育人工程”得到了社会各届的高度认可和广泛赞誉。2014年，学校以劳动育人工程为主要内容的“养成教育”，被省委高校工委、省教育厅评为“2014年度河南省高等学校思想

▲ 我和学生一起劳动

政治工作优秀品牌”。2016年2月，“劳动育人工程”被河南省教育厅列为“河南省第一批高校校园文化重点建设项目”。

学校劳动育人工程得到学生及家长的广泛赞同，他们认为学校为孩子补上了最重要、最缺失的一课。金贸学院2014级学生朱晨晨的母亲说：“贵校的劳动育人工程培养了学生良好的生活习惯，锻炼了他们的意志，这对孩子未来的发展十分重要。”会计学院1998级毕业生罗旭说：“毕业后，在升达的劳动教育给我留下最美好的回忆！”金贸学院2006级毕业生万道峰说：“毕业后我才更加懂得劳动育人的重要，这是一种积淀，我觉得劳动育人对个人的发展非常有意义。”

更可喜的是，劳动育人造就了学生的优秀品质，受到了用人单位的普遍好评，近年来，学校毕业生就业率每年均保持较高水平。

第七章

担任升达学院董事长

▲ 本人照

北宋三任宰相吕蒙正在《时运赋》中说："天不得时，日月无光；地不得时，草木不长；水不得时，风浪不平；人不得时，利运不通。"

我十分幸运，从郑州升达经贸管理学院董事会成立的那一天起，我就被推上了董事长——这个在学校权力重握、责任重大、荣耀一身的职位。因为学院是我的父亲王广亚博士创办的学校，从家庭层面讲，无可非议，人人知晓，这个职位是父亲赏赐的。然而，学校是国家批准的、面向社会开办的、为祖国培育人才的教育机构，它与社会有着紧密的联系，因此，我认为，这个职位也是社会、历史、时代赋予我的重任。我要在这个职位上掌好舵、履好职、用好权，干好工作、办好教育；我要努力加强理论与教育管理学习，开拓创新，与时俱进，不断提高学校的教育质量与人才培养质量；我要刻苦磨练自己，尽心尽责，带领好团队，服务好师生，为祖国的教育事业，为升达的建设发展，奉献自己的才智和力量，使升达这艘航船乘风破浪，奋勇驶向光辉胜利的彼岸。

一　父亲的期望

在升达经贸管理学院，谈及受父亲的教育思想与办学理念之影响，我可以说是最深、最大、最广、最直接。最深——我的体会触动心灵；最大——使我进步快，变化大，收获大；最广——包括思想、学习、工作、生活诸多方面；最直接——一言一行耳濡目染，言传身教。父亲把学校董事长的担子放到我的肩上，首先是对我的关爱、信任，更多的则是对我的期望。

1947年父亲只身一人到中国台湾创业，直到20世纪80年代才与大陆亲人团聚。1984年，他又费尽周折把我从新疆接到香港，对我不仅爱之深，且管之严、为计深远，我便成了他的“重点教育培养对象”。从那时候起到2011年，我在父亲身边近30年，他的教育思想与办学理念对我进行了“全包装”。在思想上，他教育我如何做人；在学习上，他教育我要有真才实学；在生活上，他教育我克勤克俭，尤其是在工作上，他要求我去创新、去追求卓越。1992年，从开始筹备升达大学起，他就让我帮他创建学校，后来又让我帮他管理学校。在工作中，他常常对我要求：一是要有吃苦、吃气、吃亏的“三吃”精神，对待繁重的工作要能吃苦，和同事有利益冲突要能吃亏，工作受了委屈要能吃气。我按照父亲的要求，学会吃苦，完成了一项又一项任务；学会吃亏，得到了领导和师生的拥护；学会吃气，修养大幅度提高。二是要严格执行“计划创新，执行彻底，考核严谨，赏罚分明”的升达行事准则。我在管理后勤工作中有计划、有安排，制定可行措施，强调工作执行力；把工作责任到人，层层负责，严格考核；对工作好的表扬奖励，差的严厉批评、给予处罚；多次受到父亲的夸奖。

在担任升达学院董事长之前，父亲在办公室语重心长地对我讲，董事会在学校是最高权力机构、最高领导机构，学校的党政领导是单位的主心骨、顶梁柱、带头人，只有组建一个执行力强、创新力强、感召力强的领导团队，才能带领全体教职员工励精图治，开拓创新，团结奋进，建设发展学校。一所私立高校的好坏，很大程度上取决于董事会与校领导的综合素质和工作能力，以及领导的团结协作精神。著名教育家陶行知先生说，校长是一个学校的灵魂。学校教育教学的成败，取决于学校领导集体团结协作的工作质量和办学治校能力，这也直接影响着学校发展的方向、速度和未来。从这些话可以看出，父亲对我抱有很大的期望。他的嘱托与教诲我时刻铭记在心中。

二　董事长职责的思考

履新之前，我对董事长的职位、职责进行过慎重的思考，根据我国民办教育事业的快速发展和民办学校的实践探索，民办教育已经成为我国教育事业的重要组成部分和重要补充。尤其是2003年《中华人民共和国民办教育促进法》的颁布实施，标志着我国民办教育发展进入法制化的新时期。国家《民办教育促进法》第十九条规定："民办学校应当设立学校董事会或者其他形式的决策机构。"这条规定表明，民办学校必须设立决策机构，以保证民办学校决策的科学化、民主化和规范化，以实现民办学校决策、执行和监督三方面相互配合、相互制约的内部管理机制，加强民办学校内部管理。董事会是依照有关法律、行政法规和政策规定，依据董事会的章程设立并由全体董事组成的决策机构。董事会是学校的权力机构，董事长是董事会的领导者、决策者。父亲选择让我担任升达学院董事长，这是对我的信任、对我的期望。我很感谢父亲对我的潜心培养，也感谢升达历届领导和同仁的关心关爱与支持。

我深深知晓，担任董事长肩负的责任重大，需要考虑的事情众多。这不仅关乎学校的未来与发展，也影响到学生们的未来。因此，我必须要做一个称职的董事长，不能辜负父亲对我的期望、同仁们对我的信任，不能辜负升达学院的学子们。

长期以来，我一直以父亲为榜样，时刻跟随父亲的脚步，学习父亲的办学精神，遵从父亲的办学教育理念，并在此基础上，努力做好自己的本职工作。对于如何做好董事长，我必须做些功课。于是，我查阅了企业董事长的职责、日常工作以及权利和义务；还查阅了其他高校董事长就学校行政工作、教学工作、董事会职能等方面的资料；特别重要的是法律方面，我查阅了我国在民办学校管理方面的法律规范，进而知道了董事会的地位、职权、议事规则、工作制度等。我要认真研究学校的发展规划，研究学校内部管理机制，和董事们民主商议学校重要活动、重大事情；带头贯彻执行学校的管理制度；认真听取各位董事执行董事会决议的工作报告。我决心按照父亲的教育思想和办学理念，始终把学校的建设发展作为第一要务，精心制订学校的战略规划、发展目标，求真务实、锐意进取地努力工作，不断提高学校的教育水平和教学质量，精心打造学校的文化教育特色，使升达稳步快速发展。

然而，光靠我一人的力量，是不可能给升达一个美好的明天的。但我相信，不管以后的道路有多么困难、压力有多么大，我只要团结学校全体师生，坚持国家的办学方向和党的教育方针；坚持创办人的办学理念；坚持集体领导，民主议事，分工合作；坚持努力学习，不断创新；坚持以人为本，营造和谐，我们就一定能把升达学院办得更好。

三　升达学院一届董事会一次会议

2011年放了暑假，不再有更多的教学事务缠身，不再有更多的接待与迎来送往。父亲专程从台北来到郑州，认真思考成立学校董事会，经过几天筹备，董事会成立大会随即召开了。

8月10日，升达学院第一届董事会成立大会暨董事长就职典礼在学校第二会议室举行。经商议决定，本届董事会由7人组成：王广亚、王淑芳、崔慕岳、王朝荣、张洁、张金安、王育文。董事成员除王朝荣、王育文因公务请假外，其他悉数到会。应邀参加董事会成立大会的嘉宾有："台湾朝阳科技大学"校长钟任琴、"台湾育达商业科技大学"广亚艺术中心主任王万兴、"台湾育达商业科技大学"陈志隆，河南财经政法大学成功学院院长张鑫、副院长吴泽强。升达学院教务长牛宝德、学务长张现水、总务长张其武、院办主任朱永恒、招生就业处副处长王新奇列席会议。

父亲在会上郑重宣布：王淑芳任升达学院第一届董事会董事长。会场上响起热烈的掌声。父亲接着说："升达学院独立办学和升达首届董事会的召开，标志着升达的管理进入了目标更加明确、各方面工作更加协调有序、教学改革更加科学、工作效率更加提高的阶段。我希望董事会及其全体同仁全力支持王淑芳及其董事会的工作，全身心地投入工作，使升达在不久的将来成为全国一流民办高校。我希望升达董事会真正成为既民主又集中；既有统一意志又有个人心情舒畅；既有严格要求又能关爱全体教职员工和学生；既有宏大目标又有脚踏实地工作的领导集体。"父亲的话音刚落，会场上又是一阵更热烈的掌声。

在父亲讲到"我希望董事会及其全体同仁全力支持王淑芳及其董事会的工作"时，我的眼睛湿润了，多么疼爱女儿的父亲啊！接

▲ 第一届董事会工作会议

下来，我在会上做履职感言。我非常感谢父亲呕心沥血创办升达，感谢父亲对我的养育和潜心培养；感谢升达自建校以来的历届领导及各位老师和全体同仁。我表示，坚决贯彻党的教育方针，秉承父亲的办学理念，努力地去学习、去工作、去实践、去总结、去创新、去提高，并和董事会全体成员带领升达同仁，走向辉煌！

董事代表崔慕岳校长致词。他说，我谨代表学校第一届董事会的各位董事，向尊敬的创办人表示崇高的敬意，向王淑芳董事长表示热烈祝贺！董事会是决定校务发展的核心，董事会的建立有利于完善现代大学治理结构、健全科学管理机制，有利于学校持续健康发展。作为升达学院第一届董事会成员，我将与其他董事一起，遵守董事会章程，履行董事职责，在董事长的领导下，团结一致，齐心协力，加快推进学校又好又快地发展，为创办一流民办大学而努力奋斗。

“台湾朝阳科技大学”校长钟任琴先生致词祝贺我就任升达学院董事会第一届董事长。成功学院张鑫院长代表成功学院董事长王育华、董事王育丰向我赠送“领航舵”贺礼。典礼仪式上还宣读了王朝荣董事发来的贺函。

四 升达学院一届董事会二次、三次会议

2012年8月28日，升达学院第一届董事会第二次会议在学校第二会议室召开。由我主持会议。本次会议，经父亲提议，通过了增补王新奇为董事会执行董事并指定升达学院董事长的接班人为王新奇。

会上，崔慕岳校长向董事会作校务工作报告。报告分6个方面内容：一、高度重视，学习创办人教育思想取得新成效；二、注重内涵，教学工作取得新成绩；三、搭建平台，科研工作取得新成果；四、严管慈教，学生工作取得新成效；五、创新形式，招生工作取得新突破；六、恪尽职守，其他工作取得新进展。报告内容全面，重点突出，成绩显著，振奋人心。之后，各位董事展开讨论，就健全董事会章程提出了意见和建议。会计室主任李博向董事会作了学校财务收支报告，报告数据翔实，体现了开源节流、增收节支的财务指导思想。

我在讲话中指出，学校下一步的发展要加大创办人教育理念的贯彻力度；根据人才市场的动向和未来学科的走向，结合我院具体情况，学校要审慎进行必要的专业调整；加大师资培养力度；并做好财务的科学预算和有效监控。

最后，父亲发表讲话。他说，在董事会及全体同仁的共同努力下，升达取得了不错的成绩，形势很好，感到十分欣慰。希望大家珍惜成绩，共同努力，让学校一年比一年好。父亲对董事会提出三

▲　第一届第二次会议

▲　第一届第三次会议

点期望：一是董事会的工作运转要规范化；二是要认真贯彻办学理念及“三三三制”；三是要重视考研考证工作。

2014年9月23日，在学校第二会议室召开第一届董事会第三次会议，会议由我主持。

首先，崔慕岳校长向董事会作一年来的校务工作报告。报告分7方面：一是庆祝建校20周年系列活动异彩纷呈；二是转型发展循序推进；三是教学质量稳步提升；四是科研学术成果丰硕；五是学生工作广受赞誉；六是招生就业协调推进；七是其他主要工作取得新进展。之后，财务处处长李博，总务长、登封校区规划处主任张其武分别向董事会做了财务报告和登封校区建设发展规划与工作开展情况汇报。

与会董事对3个报告讨论之后，我在讲话中强调了董事会的下一步工作：要全面贯彻落实创办人办学理念，准确把握高等教育政策方向，结合社会人才需求，科学规划学校未来发展；要强化师德师风教育，加大师资培养力度；要做好财务科学预算和有效监控；要努力改善办学条件，扎实推进登封校区的筹备建设进度。

父亲作总结讲话，他说董事会是学校的决策机构，担子很重、责任很大。对董事会的工作，他提出五点要求：一是希望董事会的工作要运转规范，重大事项要知会各位董事；二是希望董事会加强对考研考证、扩大规模等重要工作的指导，想方设法提高办学水平；三是希望董事会要加强对登封校区筹备工作的督导，高起点规划，高标准建设，高水平管理，争取早日全面开工，按时投入使用；四是希望各位董事要有忧患意识，居安思危，站得高、看得远，着眼学校长远发展；五是希望各位董事精诚团结、齐心协力，共同把学校的事情办好。

五　升达学院一届董事会四次会议

2016年3月29日，升达学院第一届董事会第四次会议在行政楼第二会议室召开。出席会议的董事会成员有：王淑芳、王新奇、崔慕岳、张洁、张金安、李学桥。列席会议的人员有：戎庭银、张欣、吴益民、张现水、张其武、朱永恒、秦旻、张蕾、李博、沈定军、王光汉、职正路等。应该列席会议的张德伟、段丰乐因公务在身未能参加会议。我主持了会议。

会议集中学习了学院章程；审议通过了董事会印章管理办法；会议表决通过了接受崔慕岳教授因年龄原因辞去院长职务请求的决定。董事会充分肯定了崔慕岳担任院长10年期间对升达建设发展做出的重大贡献。同时，聘任崔慕岳教授为学院常务副院长。

根据《中华人民共和国民办教育促进法》规定的校长任职条件，表决通过了聘郭爱先担任郑州升达经贸管理学院校长的决定，并决定增补郭爱先为学院董事会董事。会上，简要地介绍了郭爱先的情况。

会议研究了董事会换届有关事宜，表决通过了下一届董事会成员提名名单。还研究调整了部分校领导的工作分工。

六　升达学院二届董事会一次会议

2017年3月3日，郑州升达经贸管理学院第二届董事会第一次会议在第二会议室召开。

出席会议的领导有：董事长王淑芳女士、执行董事王新奇博士、校长郭爱先教授、校党委书记张德伟同志、常务副校长崔慕岳教授、校党委副书记戎庭银同志、张洁副校长、张金安副校长、段丰乐副校长。参加会议的人员有学校有关部门主管和同仁：李学桥、吴益民、张现水、张其武、王生龙、朱永恒、秦旻、张蕾、李

▲ 第二届一次会议

博、沈定军、王光汉等。张欣副院长因有课未能参加会议。会议由我主持。

会议首先选举产生了郑州升达经贸管理学院第二届董事会组成人员。我当选为第二届董事会董事长，王新奇当选为第二届董事会执行董事，郭爱先、崔慕岳、吴益民、李学桥、林丽纹当选为第二届董事会董事。我在会上介绍了两位新增董事的简要情况：吴益民，教授，学校教务长；林丽纹，台北育达高职教师，他的父亲林时金是创办人的好朋友，对创办人的教育事业贡献很大，曾担任台北育达高级商业家事职业学校董事长。

因工作需要，会议批准了张洁、张金安两位同仁提出的不再担任学校第二届董事会董事职务的请求。我在会上讲话指出，这两位同仁在第一届董事会任职期间，尽职尽责、任劳任怨，顾全大局、注重团结，为董事会的工作开展做出贡献，对两位的辛勤付出表示衷心感谢。

会议听取审议并表决通过了郭爱先校长作的《巩固中心地位 加强教学工作的报告》（草案）、崔慕岳常务副校长作的《学院本科教学工作合格评估迎评促建工作报告》（草案）、王新奇执行董事作的《关于本科教学工作合格评估教学条件与利用建设工作组情况报告》（草案）；财务处李博处长作的《学院财务工作报告》（草案）。会议还审议并表决通过了《学院董事会章程》《学院教育事业“十三五”发展规划》《学院本学期工作计划（要点）》等。

经郭爱先院长提议，会议表决通过了聘任吴益民教授为学校副校长兼教务长的决定。

按照升达学院人才培养的需要，会议表决通过了设立“创新创业教育学院”的决定。该学校为郑州升达经贸管理学院的二级机构，与校团委合署办公，设校长一名，院校委书记一名（副主管待遇），办公室主任（教学秘书）一名（科级），根据工作量组建教师团队。按照升达学院宣传工作的需要，会议表决通过了设立“宣传部暨新闻中心”的决定，该机构一个班子两块牌子，将校刊社、新媒体等整合到一起，划归宣传部，设部长一名。会议还研究通过了其他事项。

我在会上作总结讲话，对今后学校的工作提出几点要求，其主要内容有两点：一是要努力提高教学质量，增强学校的竞争力，为社会培养更多的优秀人才；二是把迎评促建工作作为日常工作中的重中之重，抓实抓好，力争顺利通过，打一场“漂亮仗”。只要是对学校发展有利的，对迎评促建有利的，要加大投入，万金不惜。

七　升达学院二届董事会二次会议

2017年5月5日，郑州升达经贸管理学院第二届董事会第二次会议在学校第二会议室召开。董事会成员及董事会秘书沈定军参加了会议。

会议分两个阶段进行。第一阶段，会议听取教学质量监测与评估中心主任王生龙教授关于2017年3月27日评建专家组莅校指导工作的情况汇报；听取本科教学工作合格评估各项目建设工作组的情况汇报。董事、校长郭爱先对评建工作，提出六点要求与建议：一是各项目建设工作组要严守合格评估底线，坚决达标；二是各项目建设工作组要尽快制定明确的任务目录；三是评建办要加强学习，依据合格评估指标体系提炼、精简材料目录；四是督查组要加强评建督查；五是要建立评建奖惩机制，实行问责制；六是各项目建设工作组要上报需要校级层面协调和安排的重大工作。

我在会上指出，对各位同仁夜以继日、不辞辛苦的工作表示衷心的感谢。并再次明确表态，会全力支持学校合格评估工作，在人财物上提供保障。同时，要求各位同仁要继承创办人的遗志，在突出学校办学特色的基础上，努力做好自己本职工作，特别是要提高学校教学质量和学生综合素养，办高水平民办高校。

会议第二阶段，有5项议程：一是表决通过了校领导及系部名称变更的议题，即为了学校的建设发展需要，从2017—2018年下学年开始，在校内将院领导称谓改为校领导，十个系均改称为学院。二是表决通过了校领导调整的议题，从下学年开始，张欣不再担任副校长职务，作为会计学院院长聘任；段丰乐不再担任副校长职务，作为文法学院院长聘任。三是表决通过了校领导的排序议题。四是表决通过了校内各单位排序议题。五是表决通过了关于聘任任锋为董事会特聘顾问的议题。会议简要地介绍了任锋的情况。

这次会议议题虽多，但均获得了董事会成员的一致通过。这是升达学院发展史上一次极其重要的董事会会议，是一次改革创新会议、学校机构、学校领导作较大调整的会议，是积蓄力量、团结奋进的会议。会议召开得非常顺利、非常成功，我很受鼓舞，使我对升达学院更快、更好的发展充满信心。会议也为学校2018年5月迎接教育部本科教学工作合格评估奠定了坚实的基础。

八　升达学院二届董事会三次会议

2017年8月4日，我校第二届董事会第三次会议在行政大楼第二会议室召开。董事长王淑芳，执行董事王新奇，董事郭爱先、崔慕岳、吴益民、李学桥出席会议。校领导张德伟、戎庭银、张洁、张金安及董事会办公室、校长办公室、党委办公室、人事处等有关部门主管列席会议。会议由我主持。

会议传达了第二届董事会第二次会议的决议。会议研究表决通过了校领导的聘任及工作分工；我向由董事会聘任的校领导颁发了聘书。会议研究表决通过了2017—2018学年科级以上干部的调整聘任及有关部门人事编制调整等事项。会议决定：根据工作需要聘任2017—2018学年学校主管及科长，新设审计处、学科建设办公室、经济管理实验教学中心等行政或教学二级机构。

最后，我作总结讲话：一、加强董事会工作。我校实行董事会领导下的校长负责制，董事会是学校的最高决策机构，学校的重大事项决策、重要干部任免、重要项目安排、大额度资金的使用必须经董事会集体研究作出决定，然后按分工和职责组织实施。同时，我校要大力支持校长行使职权、大力支持党委发挥政治核心作用，不断强化董事会领导、校长负责、党委保障、教授治学、民主管理、依法办学的领导体制。二、加强评估工作。本科教学工作合格评估，是当前学校的中心工作、首要工作，事关学校的生死存亡，没有退路，必须全力以赴。评建工作领导小组要科学谋划，精心筹备，周密部署，切实担当起评建总策划、总指挥、总协调的职责。全校同仁要将评估工作作为重中之重，真抓实干，树立信心，确保评估工作的顺利通过。三是要加强教学工作。应用型人才培养始终是学校的根本任务，教学始终是学校的中心工作，教学质量始终是学校的生命线。教学是贯彻党和国家的教育方针，培养社会主义建设者和接班人的基本途径，是学校的立校之本，我们的一切日常工作都要围绕和服务于教学。今后董事会将继续大力支持校行政、校党委贯彻落实教育部《关于进一步加强高等学校本科教学工作的若干意见》和《教育部关于全面提高高等教育质量的若干意见》等文件精神，在领导精力、师资力量、资源配置、经费安排和工作评价等方面，加大对教学工作的投入力度，努力提高教学工作的水平和质量。

▲ 第二届第三次会议

我还强调，这次会议通过的每一项决议，都是从学校大局出发，都是从工作需要出发的，希望有关领导、有关部门，服从大局，服从安排，妥善做好有关工作。凡是董事会会议作出的决议，必须无条件地予以执行，要不折不扣地把董事会的决议落到实处。这既是国家赋予董事会的权力，也是创办人伦理理念的核心内容。

我说，当前学校正处在迎评的关键时期，希望大家把思想和行动统一到董事会的决定上来，同一个声音、同一个步调。要求全校同仁特别是领导干部，要切实增强政治意识、大局意识、核心意识和看齐意识，杜绝不利于评估、不利于发展、不利于大局、不利于稳定、不利于团结的言行。全校同仁要在董事会的领导下，齐心协力、同舟共济，努力为打好评建攻坚战、为学校的持续健康发展做出新的贡献。

九　升达学院二届董事会四次会议

2018年3月9日，我校第二届董事会第四次会议在行政楼第二会议室召开。参加会议的董事会成员有：董事长王淑芳女士，执行董事王新奇，董事、校长郭爱先，董事崔慕岳、吴益民、李学桥。董事林丽纹女士因不在学校未参加会议。校党委书记张德伟、会计学院院长张欣、副校长张洁、副校长兼工会主席张金安列席会议。列席本次会议的还有学校有关部门主管朱永恒、秦旻、王生龙、张蕾、张景空、张延霞、李博、沈定军、王铮等。我主持了会议。

会议审议通过了以下议题：增补张德伟、张欣为学校第二届董事会成员；成立学校监察委员会议案，监察委员会和校纪律检查委员会合署办公，由校党委戎庭银副书记负责；财务处代处长张景空

▲ 第二届第四次会议

作的学校2017年度财务决算和2018年度财务预算报告；教学质量检测与评估中心主任王生龙所作的学校迎评工作进展情况暨近期迎评重大工作安排；学校本学期工作计划（要点）。会议还研究了其他事项。

最后，我发表讲话，由执行董事王新奇代为宣读：一、学校的财务预算工作很必要、很重要。这次的预算方案体现了上级的指导意见，结合了学校实际情况，是科学的、是符合学校发展需求的。方案印发后，关键是执行。财务处要加强对预算经费的管理，严格执行，对预算实施情况要定期检查。在执行过程中，要坚持节俭办学的原则，精打细算。希望大家勤俭节约，每一分钱都要用到刀刃上，不该花的钱一分都不要花。二、关于评估工作。本科教学工作合格评估，是当前学校的中心工作、首要工作，全校师生必须凝心聚力、全力以赴，确保评估工作顺利通过。评建工作领导小组要加强领导，周密部署，科学安排；要克服盲目乐观情绪，居安思危，对可能遇到的困难和问题要有充分的准备和应对方案，对迎评准备要再次进行逐项检查，查漏补缺，精益求精；要进一步加强教学工作，在领导精力、师资力量、资源配置等方面，加大支持力度；在经费方面要加大投入，无论经费多么紧张，对教学工作要万金不惜，优先保障；要教育引导广大教师严谨治学、以身作则、为人师表，不断更新教学内容，改进教学方法，活跃课堂氛围，让学生开心学习、快乐成长。当前，学校评建工作进入冲刺阶段，希望大家把思想和行动统一到董事会的决定上来，统一到学校的安排上来，董事会和全校师生一道共同努力，全力以赴，争取顺利通过评估，把创办人的教育事业不断发扬光大。

十　升达学院董事会二届八次、三届一次会议

2021年3月26日，我校先后在行政楼第二会议室召开董事会第二届第八次和第三届第一次会议。我和新任及上届董事：王新奇、雷霆、郭爱先、吴益民、张欣、张德伟、李学桥出席会议，董事会秘书杨存博，监事沈定军、秦旻列席会议，其他同仁张其武、张红阳、朱永恒、王新平、张景空、张延霞、李保华等应邀参加会议。

董事会第二届第八次会议研究决定，同意崔慕岳、张德伟、李学桥的卸任董事申请，会议选举产生了郑州升达经贸管理学院第三届董事会成员：王淑芳、王新奇、雷霆、郭爱先、吴益民、张欣、林丽纹。

董事会第三届第一次会议选举王淑芳继续担任董事会第三届董事长、王新奇任执行董事，表决通过了董事长提名的监事和董事会秘书人选；听取审议并表决通过了学校2021年工作报告；听取审

▲ 第三届第一次会议

议并表决通过了学校2021年度财务预算和2020年度财务决算；会议决定了部分机构重组与调整方案。

最后，我发表了讲话：首先，特别欢迎省委委派一位优秀的、年轻有为的党员干部雷霆同志到我校工作。雷霆同志是十届省纪委委员，曾长期在河南理工大学、河南大学等百年老校担任领导职务，政治强、业务精、作风正、人品好，省委委派他担任我校党委书记，必将对我校的发展起到重要的推动作用。

接下来我就学校近期工作谈了三点意见：第一，继续做好疫情防控工作。生命至上，健康第一，做好疫情防控工作需要大家的齐心协力，学校要按照各级政府政策要求，进一步细化和落实我校的防控措施。当前，疫情防控形势仍然非常严峻，我们要采取两项措施：一是积极联系本地疾控部门，按照当地政府的新冠疫苗接种方案，为全校师生注射疫苗；二是要持续做好全校公共场所的消杀工作，要继续对教室、宿舍、食堂等公共区域定期进行全面的消杀，创造安全卫生的工作生活环境，确保师生的身心健康。第二，狠抓人才培养质量。走到天边，质量第一。不断提高人才培养质量是学校永恒的主题，学校要拟定出具体的办法，要永远把确保人才培养质量放到第一位。学校要采取六项措施：一是要传承创办人“伦理、创新、品质、绩效”的办学理念，坚持“要有好的师资、要有好的设备、要有好的制度、要有好的管理、要有好的福利”的五好办学原则；二是要认真落实学习雷书记和郭校长的工作报告，认真做好常规工作，抓好十项重点工作，狠抓教学质量稳步提升，确保学校高质量发展；三是要总结干部轮岗的经验，按照学校轮岗的制度办法，参照年龄、专业和工作需要等因素，对干部进行必要的多岗位交流锻炼，做到人员和岗位相匹配；四是要多组织外出参观学习，学校要组织教职工多学习其他高校好的经验做法，提高站位，拓宽视野；五是要注意培养队伍，学校建校已经28年了，部分同仁已在校工作20多年了，从青年到中年，已经成长为学校发展的中坚力量了，对这部分同仁学校要加强培养，打造一支我们自己培养出来的高素质的干部和教师队伍；六是要改革创新，学校的发展要紧跟时代的步伐，在智慧校园、行业学院建设等方面稳步推进。第三，教师和干部要公私分明、克己奉公。教师是人类灵魂的工程师，是太阳底下最光辉的职业。作为教育工作者，特别是领导干部，我们要做到三点：一是要为人师表，以身作则，做学生的表率；二是要严格要求自己，大公无私，多做奉献，做教工的表率；三是要守时守信守法，严格按照国家教育政策法规办学，做社会的表率。

总之，我们要始终听党话、跟党走，始终坚持立德树人的根本任务，始终牢记为党育人、为国育才的使命，发扬升达优良传统，努力为党和国家培养德智体美劳全面发展的社会主义建设者和接班人。

第八章

我的教育观念

屈指算来，我跟随父亲步入教育行业已近30年，对父亲所做的一切我耳濡目染，父亲教育思想对我的影响很大，使我在教育工作中也摸索和总结出一条做好教育工作的思路，尤其是在担任学校董事长工作岗位之后，我也产生了自己的教育观念。这个观念，就是贯彻执行党的教育方针，结合社会形势的发展、教学改革、学校的中心任务与中心工作进行再思考；对父亲的教育思想和办学理念进行深入学习、认真贯彻落实、发扬光大。总的说来，我的教育观念就是传承优秀中华传统文化，开拓创新、真抓实干，努力创建颇具特色的、一流的、人民满意的民办大学，为国家、为社会培养一批又一批优秀人才。

一　注重“孝道与感恩”的文化教育

“孝道与感恩”是中华民族传统美德的基本元素，是中华民族传统美德与核心价值观，是青年学生优良品质形成的基础。弘扬与现代文明相适应的“孝道与感恩”文化，对培养优秀人才和社会主义建设接班人具有重要的意义。

何为孝道？孝道是一种社会文化、社会行为、社会文明，也是社会主义道德的基本要求。传统的孝道文化数千年来一直影响着整个华夏民族，中国人民把孝视为“人立身之本”“家和睦之本”“国安康之本”。孝是晚辈对长辈的伦理规范与道德责任，是做人的修养与觉悟；孝是一个关于爱和责任亘古不变、常谈常新的话题；孝是政治道德、社会公德、职业道德、家庭美德、个人品德的基本元素，也是当今政治文明、经济文明、精神文明不可忽视的精神支柱和力量。

▲　二十四孝园

何为感恩？狭义上说，就是感恩父母，广义上说，就是感恩自然、感恩社会、感恩祖国、感激所有帮过自己的人。感恩是道德良性互动的润滑剂，是对自然、社会和他人给予自己恩慧和方便的由衷认可，并真诚回报的一种认知、情感和行为。《诗经》中有“投桃报李”之说，文人墨客也曾留下“谁言寸草心，报得三春晖”的动人诗句，还有“知恩不报非君子”“吃水不忘挖井人”等经典词句，无不体现着中华民族对感恩的认同和崇尚。

可以说，我国是一个尊奉和讲究孝道与感恩的国家，中华民族是一个很注重孝道与感恩的民族。中国孝道与感恩文化源远流长，五千年文化的传承，是五千年孝道与感恩的延续。

孝道与感恩文化是中国传统文化的基本文化，是我们每个人生活中不可或缺的阳光雨露。作为中华民族传统道德观念的孝道与感恩文化，则是一个由个体到整体，修身、齐家、治国、平天下的多元文化体系。常言道，“百善孝为先”，孝与感恩是以孝敬父母为本的孝道文化的基本元素，孝是感恩的前提与基础，是一个人的内在品质；感恩是孝的体现，是人的外在品行。这其中，我们必须明白，“孝道与感恩”是人们优良品德形成的基础。

在物欲横流、思维多元的当今社会里，在科学技术迅猛发展、人民生活水平日益提高的新的形势下，不少人忽视了传统教育，淡忘了我们视为圭臬的孝道与感恩文化。然而，作为对青年学生负有重要教育责任的教育机构，一定要承继中国特色社会主义的孝道与感恩这份道德文化遗产，发扬这一优良传统，引领社会主流风尚，把培育学生学孝、知孝、行孝，并学会感恩的教育放到重要位置上，使从高等学府走出来的青年学生人人拔萃、个个成才，成为建设社会主义祖国、实现中国梦的优秀接班人。

二　发扬父亲勤俭办学的思想

父亲为升达学院制定的校训是“勤俭朴实，自力更生”。这8个字是他1953年为台北育达高职制定的校训，在以后创办的育达高中、升达学院、育达科大、成功学院也都以这8个字作为校训。它不但是父亲治校的宗旨，也是他人生的行为准则。

勤俭朴实是古训，也是美德。父亲一贯是履行勤俭节约、精打细算、物尽其用，从不铺张浪费的做事原则。当年创办升达时，他投资一两个亿人民币，这些钱他始终坚持以节约为本，决不乱花。比如，校园主干道铺设两侧人行道所用的地砖，施工前，他经过预算，需要几十万甚至上百万元，这些砖如果去砖窑厂购买，当时的市场价格是每块5角7分钱，总共购买需要数十万元。经过市场调研，他让学校营建管理人员购买一台制砖机，请工人们自己制造方砖，砖面上还印上“升达”校徽。这样既美观，又实用，又实惠，每块砖只花1角7分钱，仅这一项工程就为学校节省了二分之一以上的开支。

升达学院的许多建筑物或者围墙，都是“清水墙”。就是墙体为红砖的本色，用水泥勾勒墙缝，既朴素厚重又结实耐用，是独具特色的建筑材料与建筑风格。虽然，中国台湾或大陆近十多年建造楼房，许多建筑物都是外粉刷，粘马牙石、贴瓷砖什么的。然而，父亲没有追风、没赶时髦，而是采用这一传统的建筑方式，加上独特的设计，给人们留下了古朴典雅之深刻印象，展现了良好的建筑效果。这样砌墙或建造的楼房，省去装饰，可以节约相当客观的一笔开支。

升达学院的经费取之于学生，用之于学校和学生。在他的勤俭办学思想指导下，升达在使用水、电、气及物品上，也是体现“勤俭”的精神。如专为师生洗浴建筑的大型浴池，每天都要耗去大约400吨水，多则一天用水能超500吨，用后的这些水白白流掉很可惜。为了废水利用，父亲采取把废水经过6级处理，一层层过滤，最后，处理成清洁的水注入湖中，以保证校园内湖水的充沛与洁净。从这件事上可以看出，父亲方方面面、点点滴滴都在节俭，穷时省，富时也省，可以说，勤俭朴实的高尚品德已经在他的思想深处深深地扎了根。父亲建校办教育不是为个人发财，他说一心想发财的人是做不成教育的，我做教育是为了学生、为了奉献社会。因此，我力戒浮华，办事用钱，该花则花，该省则省，从不大手大脚，这主要是为学校的建设发展着想，为学生着想。

父亲不仅自己在工作和生活中厉行勤俭节约，还经常教育我们做子女的不要奢侈浪费。他讲的最多的一句话就是“一粥一饭，当思来之不易，半丝半缕，恒念物力维艰”。他还时常对我和我的孩子们说：“有你们吃的饭，有你们穿的衣，有你们受教育的费用，就够了，不要想我的财产。我空手来中国台湾，经过数十年艰辛和百折不挠的奋斗，才小有成就。我的钱都是取之社会，我要回馈社会，希望你们把我所说的话记住，并照这样去做，我就感到无比宽慰。”

勤能补拙，勤必有成；俭可致富，俭可医贫。人世间一切伟大的事业若不勤劳，就无成果可言；若能勤劳，谁也阻止不了你的成就。勤劳是一种真功夫，不论成功与失败的人，其奋斗经历中，都必有勤和俭的经验。只要我们有勤俭美德，又持之以恒，精打细算计划开支，则必获得成功。

因此，我们要好好学习父亲勤俭节约的高尚品德，发扬他的勤俭办学的思想，在工作中办事唯勤，用度唯俭，以校为家，养成习惯，把钱用到刀刃上，学校定会有更好更快的发展。

三　勤俭是幸福之本

勤俭朴实、自力更生是升达的校训，是事业有成的真谛，也是父亲工作、生活经验的总结。最近，习近平总书记关于“厉行勤俭节约、反对铺张浪费”的重要批示，更能充分说明勤俭节约的重要性。下面，我就“勤俭”二字联系亲身体验谈点体会。

勤能博学。华罗庚说“聪明在于勤奋，天才在于积累”；爱迪生说“天才是百分之一的灵感，百分之九十九的汗水”；杜甫说“读书破万卷，下笔如有神”。试想一下，一个人不勤奋读书，能下笔如有神吗？伟人名人是这样，我们平常人要想获得丰富的知识也应该勤读、勤劳。

勤能聚友。生活中有个规律，勤奋的人周围会有众多的朋友。这是勤奋的人会有条不紊地安排好家庭生活，给家人和自己提供舒适的生活条件。因此，大家可以想想，通过自己的辛勤劳动，为大家提供方便的人，谁能不愿意和他交往、和他做朋友呢？

勤能致富。俗话说得好：“勤是摇钱树，俭是聚宝盆。”大家都

▲　校训照片

知道丹尼斯百货，1999年进入郑州时，董事长王任生先生多方考察市场，早上4点钟就起床到陈寨蔬菜批发市场了解行情，直接和厂商商谈进货……所以，丹尼斯百货一开张就人潮涌动，十几年来，从1亿的投资到现在已有数百亿的资产。

勤奋来源于强烈的社会责任感。责任感好像无穷的动力，驱使你脑勤、手勤、耳勤、眼勤、嘴勤，以致达到以勤为乐的境界。创办人毕生投入教育事业，以办学为乐，正是他高度社会责任感的集中体现。总之，勤奋的人会自觉主动地学习，会积极实践和工作；勤奋的人能获得渊博的知识和善于解决问题的能力；勤奋的人会被他人信任，容易被领导重用；勤奋的人能成就事业。成功是用勤奋换来的，正如“台上一分钟，台下十年功”所说的道理一样。

我认为“俭”的真正含义应是把钱用在刀刃上、把物用在需要的地方。纵观节俭的家庭和个人，不难发现，其家长和个人都有较高的财商，即善于理财。他们把握全局、通晓轻重缓急，权衡利弊择其良方付诸实施，遇事用钱留有充分余地。大家知道，巩义“康百万”地盘之大、财产之多，赫赫有名，他的家训就是“留余”二字。因此，我们对人对事对物都要留余。

我们尊敬的父亲，一生创办10余所学校，从无到有、从小到大，办学有成，是他创造财富的同时，实行节俭的结果。我在中国台湾看到父亲的办公桌，是建校最初从旧货市场买来的，白天办公用，晚上当床板，60年过去了，至今还在使用。还有一个“便当的故事”，我第一次到中国台湾，父亲给了我100台币（约合20元人民币），让我去买两盒便当。当时我不懂什么是便当，便问司机，才知道就是盒饭。我买了两盒便当回到办公室，父亲接过便当，接了杯开水就吃起来，这时，我才恍然大悟，父亲对自己是多么节俭啊！

俭和勤一样，后面有一个强大的推动力，那就是目标。俗话说得好，没有明确的目标就不可能有节俭。各位同仁，你们在勤俭方面都有很好的体验，都结出了丰硕的成果，不少人有车、有房，过着幸福的生活，享受着社会进步给我们带来的幸福。

今天，讲到“勤俭”二字，我对大家有一点要求，根据习近平总书记关于勤俭节约的讲话精神，根据学校的发展需要，请各单位本着节约原则，从今年开始水、电、纸、油、气等，要比去年节约10%。我相信大家定会想出好办法来完成这个目标。最后愿大家在勤俭道路上，享受更多的幸福。

四　三要，三不要

弹指一挥间，4年的大学生活即将结束。眼看着健康活泼的青年学子，又要跨出校门，奔向祖国的四面八方，心中煞是留恋。值此同学们即将圆满完成学业、离开母校之际，我想说几句话与大家共勉——希望大家做到“三要，三不要”。

三要：一要继续学习。大家离开学校，仅仅意味着在学校的学习告一段落；踏入社会，还要去读、去读懂社会大学这部百科全书。在社会上、生活中，有更多的新知识等待你们去学习，新领域等待你们去探索、去开拓；你们仍然必须加倍努力，不断地充实自己、提高自己，方能在日益激烈的社会竞争中立于不败之地。

二要继续弘扬升达精神。升达校训——勤俭朴实、自立更生，是创办人一生办学经验的智慧结晶，是创办人一生的写照。升达精神——爱国爱校、宁静好学、礼让整洁，是创办人创办升达的法宝，是同学们治学有成的秘诀，必将对同学们今后的人生产生积极的影响。这对于同学们一生的工作和生活都是大有裨益的。

三要谦虚上进，不断完善自己。走上工作岗位后，你们要谦虚谨慎，戒骄戒躁。谦虚好学，是工作进步的动力和源泉；团结同事，是工作和谐工作顺利的基本准则。因此，希望同学们要经常检讨自己，汲取教训，这是事业有成的保证。要在工作中提高、提高中工作。做出成效，为升达争光！做出成果，就是为母校添彩！

三不要：一不要忘记父亲的关爱。我们的大家长——创办人，为回馈家乡，倾尽毕生积蓄，捐资兴办了升达学院，为你们提供了接受高等教育的机会，创办人风里来，雨里去，不辞辛苦地奔波海峡两岸，时刻关注着升达的发展，关心着同学们的成长，这是你们的福气。创办人德高望重，是大家永远值得尊敬的长者。

二不要忘记老师的辛勤培育。同学们学到了知识，增长了才干，丰满了羽翼，就要到广阔的天空去翱翔。然而，大家不要忘记你们的授业恩师，我国古代有“一日为师终生为父”之说，是他们把知识无私地传授给你们，是他们教给了你们弄潮的本领，是他们教会了你们做人做事的道理。他们是你们永远值得信赖的师长。

三不要忘记你的同学。俗话说，“一辈同学三辈亲”，同学们从四面八方来到升达，为了一个共同的心愿走到了一起，朝夕相处，共同生活，共同学习，这是一种缘分。4年来，你们在砥砺奋进、并肩拼搏中加深了了解，你们在互相竞争中建立了友谊。同学，是你们人生中永远值得珍惜、怀念的一道亮丽的风景！

“今天我以升达为家，明天升达以我为荣”，母校时刻等候你们的捷报，也希望倾听你们工作中的困忧。升达，永远是你们温馨的港湾，真诚地希望学子们今后常回家看看！

五　和同学们谈谈“‘明天’与‘礼让’”

2001年9月开学之后的一日清晨，学院图书馆门前挤满了准备到自修室抢座位的学生，刚打开大门的一瞬间，蜂拥而入的学生像潮水般涌进图书馆，只听“啪”的一声，玻璃门破了，学生们哪里顾得上这些，只顾箭步冲向自修室抢占座位。

听到工作人员向我描述这一情景，使我立即想起在郑州遇到的令人起敬的一幕。那是8月的一个星期天，在郑州市2路公共汽车上，挤满了乘客。车行途中，有位年过半百的妇女带着一个五六岁的孩子挤上了车。上车后，这位妇女和活泼可爱的孩子习以为常地站着。突然有人让座，“来！快让孩子来这里坐，大姐！”这声音吸引了不少目光，我循声望去，看得出来，是位年逾六旬的老奶奶从座位上站了起来。带孩子的妇女满脸喜悦地又是摇头，又是施礼，连忙说不用！不用！由于久让不坐，老奶奶只好走近孩子说：“听奶奶的话，快坐下，你如果坐下我就高兴；如果不坐，我就生气了！”孩子谢谢奶奶坐了下去。年过半百的妇女几乎感动得掉下泪来。可敬的六旬老奶奶，以“助人为乐”的神态站在车中间和我紧挨。我陷入了沉思……

今天，我把这两个事情放在一起讲给大家听，主要目的是想和升达学院的同学们讨论一下"'明天'与'礼让'"。

说到"明天"，每位同学都有自己的愿望，都有自己对未来的规划。尽管目标不尽相同，实现目标的具体方法千差万别，但有一点是共性的：这就是实现自己的宏伟目标需要科学知识和人格修养。常言说得好，知识是力量，修养是魅力。实际上这是人们腾飞的两只翅膀。纵观古今中外，凡是事业有成者，无一不是知识渊博，修养至上。成就事业，即便做小生意，也需人帮忙。可以说，没有真正的朋友，就没有成功的事业。交友靠什么，靠人格修养。因为实践证明，金钱垒起来的朋友为期不长，用人格交友，友谊直至永远。这可能就是人们常说的"可交，不可交"的标准吧。

什么是人格修养？我理解就是"一事当前，先为别人打算"。说实在的，学科学不容易，但练人格修养同样不容易。因为人格修养的表现形式是大脑动力定势的惯性反应。它是发自内心、表现自然的真诚举动。因此，它可以像磁石一样吸引人，像马达一样驱动人，像旗帜一样召唤人。

说人格修养不容易，是因为在它没完全形成定势之前，就时间而言，它必须从小灌输直至老死；就社会而言，它必须经常忍受异常撞击；就个人而言，它要不断做出力所能及的付出，包括体力、精神，甚至物质的付出。因此，今天的大学生，特别是想真正成就事业的大学生，应在注重学习的同时，加强人格修养的磨炼。正像孟子所说"动心忍性，增益其所不能"。就磨炼而言，应该从小事做起、从我做起。这就是说在社会生活中，在同学相处中，在行人相遇中，礼让为怀。我相信：很多同学已这样做了；我深信"礼让人生"其乐无穷。

礼让会带来笑容，礼让会带来友谊，礼让会带来团结和进步，礼让会带来社会风气的改善，礼让会把你带进事业成功的明天。这是因为你的付出给你营造了一个有人相助的成功环境。

让礼让之花开遍升达校园，让礼让之花照耀同学前程，让人格修养的魅力把同学带入成功的明天。这就是我写此文的真诚希望。

六　微笑服务 为升达和谐发展作贡献

所谓升达教育事业发展的高度，就是要超越自我、放宽眼界，视教育事业为生命，各项工作要有爱心，处处做到微笑服务。

所谓以爱心为主线，就是要自觉地用爱的思想、爱的语言、爱的行动，去处理一切事务。“只有爱别人的人，才能得到别人的爱；只有大家都献出一份爱，这个世界才会变得更美好。”因此，微笑服务的核心是一个“爱”字。

所谓热心，就是态度热诚、语言和蔼、礼让真诚，使人有宾至如归的感觉。所谓及时，就是对客户争取第一时间解决问题，满足需要。所谓周到，就是我们的服务周全、工作细致得让对方吃惊、感动。所谓全心全意，就是遇事先考虑事业、考虑对方，没有私心，不考虑自己。别人对我们的工作多一份满意，我们就会多一份成就感。

关心爱护教职工和学生，就是关心爱护升达。只有形成一个互相关心、互相爱护、互相帮助、和谐有序、与时俱进、奋发向上的氛围，才是大家和创办人所希望的升达。

怎样才能做到微笑服务呢？第一，我们应以党的教育方针为灵魂，充分认识教育是立国之本，为教育服务是光荣的，是功在千秋的伟大事业。第二，应有过硬的职业技能，只有具备过硬的职业技能，才能有尽善尽美的后勤供应、合理及时的财产保证和良好的公关效果；希望大家要不断学习新政策、新知识、新技能，不断苦练基本功。第三，要实行时间管理，每件事情都尽量能在规定的时间内完成；说话办事要力争简明扼要开门见山，问啥答啥；同时，规划好物品用具和文件摆放，全方位地实行“定置管理”，这也是节约时间的良方。第四，逢事要主次大小分明。没有大小、主次就没有办事效率；要学会分清大小主次、按大小主次处理解决问题，做到好事快办，急事先办，特事特办；提高工作效率，这是搞好微笑服务的关键。第五，调查研究、防患于未然，领导要挤出时间调查研究，发现新情况，解决新问题；主动服务是搞好微笑服务的新课题，过去不少领导这样做了，收到了很好的成效，得到师生员工的好评；今后应做得更细更好。

针对学校的总务工作，我提出几点要求：一是加强沟通，各单位之间、本单位内部，遇到问题都要及时沟通；有什么困难要及时汇报，有什么精神要及时传达。二是会计室今年要进一步完善会计电算化。三是公关室要加强主动性，变单纯的解决问题为避免问题，变单纯的依赖关系为开拓关系，变单纯的修复关系为维护关系。四是总务工作要有超前思维、超前计划，细致督导，实行量化管理。

七　新女性 新风采 新升达 新成就

今天，我们升达女同胞的代表欢聚一堂，在国际会议厅隆重纪念三八国际劳动妇女节101周年。在此，请允许我代表创办人向大家致以节日的祝贺！并通过你们向你们的家人问好！

建校以来，升达的女同胞以半边天的气魄、主人翁的精神，遵照创办人的办学理念，全身心地投入学院的建设、教学、科研、管理、服务等各项工作之中，使升达由小到大，逐年发展，现成为河南乃至全国有一定影响的民办高校，并获得“2010年度河南省考生心目中最理想的高校”等荣誉称号，可喜可贺！

女同胞们，刚刚过去的2010年，我们在创办人与校领导的领导下，各项工作都取得显著成绩。特别是在学院独立转设的重大工作中，大家意气风发，废寝忘食，按照教育部的要求、创办人的指示，和全体男同仁一道做了许多艰苦、细致、繁杂的工作，漂漂亮亮地完成了这一涉及面广、要求高、时间紧的各项任务，得到教育部评审专家的全票通过，在升达建校史上写下浓墨重彩的一笔。

女同胞们，今天，在姐妹们的节日里，我简要地给大家讲一讲妇德、妇道与孝道。妇德就是妇女特有的慈爱、包容、无私与奉献的高尚品德；妇道是妇女孝敬老人、疼爱子女、做贤妻良母的高尚行为；孝道是儿女对待父辈的以敬、孝、谏诤为一体的准则。

为什么我要讲这些呢？因为它是处理好领导、同人、朋友关系的行为准则；是处理好家庭、夫妻关系的道德准绳；是立身处世、创业、奉献社会的思想基础。

女同胞们，这几年国家大力倡导、大力宣传和谐社会，因为和谐是人民民主、社会平等、家庭幸福、国家富强的表现；是妇德、妇道、孝道的综合反映。前国家民政部副部长、全国老龄委主任李宝库曾说：“和谐社会，女德为要。”这是很有道理的。因为妇女在社会上是半边天，在家里是半边天。她要相夫教子、孝敬父母、支持丈夫、操劳家务，几乎包容一切。现实生活中有很多妇女包容、奉献的例子。如地震中的母亲以自己的躯体保护幼小的儿女，不少妇女原谅自己锒铛入狱的丈夫，不少妇女死守苦难的家庭等。

大家知道，我们要孝敬父母，忠于国家。然而，孝忠的关系怎样？孝是忠的基础，忠是孝的升华。实践一再证明：不孝的人不可能忠于国家。如果一个人能用关怀儿女的态度，孝敬自己的父母，那才是真孝。综上所述，孝道是提升人的思想境界、建立和谐家庭、和谐社会不可缺少的良药，我们女性应当十分珍视，好好运用。

女同胞们，学校的独立转设对我们来说是机遇，更是挑战。因此，我们应根据国家教育部和河南省“十二五”教育规划纲要，遵照创办人的教育理念和学院党委、行政报告中的精神，全力实施，攻坚克难，开拓奋进，再创辉煌。升达的女同胞要以新女性、新风采、新升达、新成就的全新面貌，以自尊、自信、自立、自强的精神，努力工作，搞好教学，搞好管理，搞好服务，为教育事业做出新的更大贡献！使创办人教育事业，也是我们的事业百尺竿头，更进一步！

八 为升达建设一流的民办高校而奋斗

刚才，崔慕岳校长对升达学院今后的工作提出了明确的目标和措施。校党委常务副书记戎庭银阐明了升达学院和谐发展的指导思想及工作方法，希望大家携起手来全力全面去实施这两个讲话精神。下面，我就升达学院的今后发展简单讲几个问题：

一、要加大对创办人王广亚博士教育理念的贯彻力度。大家明白，创办人的“伦理、创新、品质、绩效”“严管慈教”“三三三制”等理念，深得学生和学生家长的普遍认可和社会的广泛赞誉。创办人的办学理念是学院办学特色的灵魂。随着教育教学的深入改革以及升达学院的发展，我们必须加强对创办人办学理念深入细致与全面理解，加大贯彻执行力度，让创办人的办学理念在学院的建设中发挥更大作用，升达才能不断发展、更快发展、永远发展。

二、关于专业设置问题。大学是根据国家需要为国家培养优秀人才的摇篮。所设立的各个系和各个专业，是适应社会发展与经济建设及人才市场的需求。升达要想不断发展，也必须严密注视人才市场的动向和学科发展的走向，并根据学院的具体情况去进行必要的专业调整，淘汰生源过少的专业，增加热门专业。现在，我们已经开始做了，问题是要做就要做好，引进实力强的师资队伍，培养出德才兼备具有创新意识和开拓精神的人才。

三、升达要有一批师德高尚、学识渊博的大师，以满足升达高水平教育体系建立的需要。大家知道，高校特别是民办高校，正在由追求规模化转向注重高水平的教育体系发展。不转，将会被社会淘汰。升达学院能不能快转而且转好是问题的关键。因此，我们必须抓住机遇和挑战，尽快实现高水平教育，这是升达生存的需要，也是学生及家长的期望，更是为国家适时培养优质人才的需要。要实现高水平的教育，不但要有大楼，更要有大师。应有一批知识和年龄结构合理，师德高尚，具有创造性、开拓性和科研能力的教学大师。为达此目的，我们必须根据创办人的办学理念和学院的五年发展规划，做出操作性强、看得见、摸得着的师资培养计划，并付诸实施。其计划一定要做到资金到位、责任到人，培养数量和质量要具体，培养方法要灵活多样。

四、人事室要拿出更多的精力，力争2012下半年办好升达工人的养老保险。

五、做好节能减排。节约能源和减少废弃物的排放，是我国的既定国策，它关系到国家的可持续发展、人民群众的身体健康和子孙后代的幸福。因此，我们必须把节能减排做到有计划、有督导、有赏罚，使节能减排落实到各个部门和有关人员。

六、努力抓好安全工作。安全第一，安全重于泰山；安全对于国家、单位和个人都十分重要。大家也都希望高高兴兴上班来，平平安安回家去。因此，我希望学院的安全职能部门应对全院的安全负责，工作进行定期和不定期检查督导；各级领导和全院师生，要人人、事事、处处讲安全，大家齐心协力，共同打造我们平安和谐的升达校园！

九　营造风清气正的校园环境

今天，升达学院在思源会馆隆重召开党风廉政建设工作会议，这也是加强教育思想政治工作、提高教职员工素质、促进学院科学发展的大会，会议的召开非常必要、非常及时。下面，我就做好学院党风廉政建设工作谈几点意见：

一、加强教育，努力构建勤政廉洁校园。我们要开展警示教育，特别要加强招生录取、基建项目、物资采购、财务管理、科研经费、学术诚信、考研考证、学业考试等重点领域和关键环节工作人员的警示教育、岗位廉政教育，以提高大家的政治意识、责任意识和思想觉悟以及拒腐防变、抵御风险的能力。同时，我们要积极倡导勤俭节约，制止奢侈浪费，努力建设节约型的校园。

二、严明纪律，努力提高廉洁自律意识。我们要加强对广大党员、广大干部，特别是领导干部的政治纪律教育。教育引导广大党员干部讲政治、顾大局、守纪律，做到政治立场不变、政治信念不移、政治方向不偏。我们要加强党员干部思想作风、工作作风、教风和学风的建设，努力构筑拒腐防变的思想防线和制度防线。我们要加强对职能部门履行职责等情况的监督检查，坚决杜绝敲诈、行贿受贿等不正之风，及时发现和解决存在的问题，严肃处理违规违纪行为。

三、狠抓落实，努力推进党风廉政建设。把党风廉政建设作为一项长期、艰巨的任务，坚持经常抓、长期抓，常抓不懈；在思想上认识到位，在行动上执行到位，持之以恒地坚持下去。各单位、各部门要深入学习贯彻上级安排部署和学校会议精神，要抓落实，确保各项工作任务落到实处；要抓作风，努力营造一个风清气正的良好环境，为学院建设发展提供坚强的政治保障和制度保证。

十　父亲的办学理念是升达的灵魂

一年以来，在党和国家的教育方针指引下，学校各级领导和全体教职员工，秉承父亲的办学理念，狠抓内涵发展，教育教学质量不断提升，并取得了显著成绩。学风浓郁，校风纯正，校誉日隆，学校愈来愈成为考生向往、学生家长信得过、毕业生怀念、社会知名度越来越高的民办高校。

当前，我国正在开展以为民、务实、清廉为主要内容的群众路线教育实践活动。因此，我们举办暑期主管研习营，要通过学习与交流，深刻认真领会中央精神和父亲的办学理念，事事要以大局为重，把升达办好。怎样办好升达呢？仍然是深入贯彻父亲的办学理念，因为父亲的办学理念是升达的灵魂。

父亲的办学理念“伦理、创新、品质、绩效”。第一位就是伦理，内容很广，其中为人师表极其重要。通过这次学习，大家要更加认识为人师表的重大意义，既要注重学识提高，又要注重人格树立和影响，要处处严格要求自己，以身作则，廉洁奉公，全心敬业，时时刻刻、点点滴滴都要成为学生的学习榜样。

“勤俭朴实、自力更生”的校训，也是父亲的教育理念与办学理念内容，我们更要认真贯彻落实。不管对于学校还是对于个人，都要做到不该花的钱和可花可不花的钱绝对不花。当然了，该花的钱，如教学、科研、实验室建设、教职工福利等，我们是绝不吝惜。希望大家在工作上勤俭节约，并体谅父亲办学的艰辛，对学校必要的经费节约给予多多理解。我们要用节省下来的钱去办大事，这样升达就会有更好的发展、更快的进步。

不可置否，父亲的办学理念是升达的灵魂。其伦理是建立良好人际关系的基础；创新是不断发展的动力；品质是升达的生命；绩效是不断追求的前进目标。我们无论做什么事情，都要以伦理道德等中华传统文化道德为准绳，自觉遵守，使升达成为一个又有集中又有民主，又有纪律又有自由，又有统一意志、又有个人心情舒畅、生动活泼的高等学府。

作为董事长，我深知能力有限，知识不足，也深感压力很大，困难很多。但是，我相信只要各位主管和我一道坚持国家的办学方向和党的教育方针；坚持父亲的办学理念；坚持集体领导、民主议事、分工合作；坚持努力学习，不断创新；坚持以人为本，营造和谐，我们就一定能把父亲创办的升达学院办得更好。

十一　珍惜教师工作岗位

教师是人类灵魂的工程师，是太阳底下最崇高的职业。党和国家高度重视教育事业，提倡尊师重教，特别是改革开放之后的

1985年，国家设立了每年的9月10日为“教师节”，以昭示全社会对老师的尊重。与此同时，国家对教师还给予比较好的生活待遇。在我们学校，父亲非常推崇教师荣誉，他不仅把“要有好的师资”作为办学的“五好”原则之一，还非常关心教职工，组织优秀教师和升达资深员工到中国台湾、香港、澳门参观旅游，及时给教职工办理“五险一金”等。因此，我们升达学院的教师，一定要珍惜教师这个工作岗位。

珍惜教师岗位，我们要按照习近平总书记的教导，做一位有理想信念，有道德情操，有扎实学识，有仁爱之心的教师。有仁爱之心，也就是创办人的办学理念所提出的核心内容“三三三”制，特别是“三心”——关心、爱心、耐心。我们要像关心自己的儿女一样关心学生、关爱学生、耐心地帮助教育学生。

珍惜教师岗位，我们要自觉地贯彻落实教育部《严禁教师违规收受学生及家长礼品礼金等行为的规定》，弘扬高尚师德师风，自觉抵制不正之风，清清白白做人，干干净净做事，堂堂正正上讲台，一心一意教好学生，时刻牢记“我是一位光荣的人民教师”！

珍惜教师岗位，我们要深入推进教学改革，不断学习、不断磨炼，不断改革、不断创新，使自己成为既有理论、又有实践的优秀教师，并按照创办人的指示和要求，教好学生，使学生真正学到一技之长。如果每一位学生都真正掌握了一技之长，那么我们的教育就成功了，我们就无愧于教师这个岗位，就是一个称职的人民教师。

珍惜教师岗位，我们就要爱校如家，科学管理，提倡勤俭节约，反对铺张浪费。我们要像在自己家一样，节约水电，节省办公用品，爱护公共财物。要做到工作上雷厉风行，令行禁止，认认真真、按时按量按质做好自己的每一件工作。心中始终装着“校兴我荣”这四个大字。

同仁们，让我们携起手来，走正道、聚正能、树正风、扬正气，在我的父亲的领导下，把升达办得越来越好！

十二　提高质量 明确目标 执行有力

国家的教育方针要求我们应培养德、智、体、美、劳全面发展的社会主义人才。创办人提倡：伦理、创新、品质、绩效。就升达学院而言，我们要贯彻国家的教育方针，秉承父亲的办学理念，大家同心协力，使教育教学工作取得可喜成绩。

升达学院是全国最具魅力的民办高校之一。升达的魅力在何处？在我看来，就是我们培养出了社会需要的、企事业单位欢迎的和家长认可的优秀学生。按照父亲的说法就是：学生一毕业就有工作、就有饭吃，对家长就有回报，对社会就有贡献。升达的学生能够做到：勤俭朴实、自力更生、助人为乐、学以致用。因此，不少同学工作几年后，事业得到了较大发展，或职位很快得到了升迁。

为了使升达学院在激烈的竞争中永远立于不败之地，我们必须狠抓教育质量，不仅让学生能掌握科学知识，学以致用，还要让学生会做人会做事，动手能力强，能够适应各种环境，特别是抗衡逆境的能力，这是特别重要的。因为在人生的道路上，误会、不可预测和偶发事件时有发生。现在的高校普遍设立学生心理咨询室，就是这个道理。

因此我想，升达学院在新的学期各级领导一定要提出一些提高教育质量的具体标准，也就是把父亲提出的教育目标数量化，例如：考研考证率达百分之多少？英语四六级通过率达百分之多少？

等等。这些都不能只停留在自由增长上，因为自由增长压力小，不利于提高我们的教学质量。同时，我们还必须在具体工作中认真贯彻执行创办人的行事准则，即“计划创新、执行彻底、考核严谨、赏罚分明”。这样，提高教学质量才有保证。

提高教学质量少不了学院的管理，它和管理工作是相辅相成的。什么是管理？管理就是计划、执行、督导、总结、评比。这五个步骤，一个不能少。大家都熟悉解放军的《三大纪律 八项注意》歌曲，歌词中有一句“互相监督，切莫违反了”。解放军为什么有严明的纪律？就是因为他们有好的管理制度和强有力的执行力。大家都知道，好的制度可以把懒人变勤快；不好的制度可以把勤快人变成懒人。再好的制度，没人去执行，也是一纸空文。我不是说升达的制度执行得不好，只是希望，升达的制度应执行得更严谨、更到位。

我相信，大家会正确理解我的意思。让我们在父亲的教育思想和办学理念指导下，立即行动起来，共同去创造升达更加美好的明天！

十三　不忘初心 牢记使命 办人民满意的教育

中国共产党第十九次全国代表大会于2017年10月18日在北京隆重开幕。十九大肩负着继往开来的历史使命，承载着亿万人民的殷切期待，是党站在新的历史起点上，全面把握形势，顺应时代要求，开启中华民族伟大复兴中国梦的新征程的标志；是党在全面建成小康社会决胜阶段、中国特色社会主义发展关键时期召开的一次继往开来的盛会，是一次决定“中国号”巨轮方向的盛会。

党的十九大报告指出，建设教育强国是中华民族伟大复兴的基础工程，必须把教育事业放在优先位置，加快教育现代化，办好人民满意的教育。在民办教育方面，报告提到支持和规范社会力量兴办教育，完善职业教育和培训体系，深化产教融合、校企合作。我们作为民办高校，应坚持以下几点。

坚定社会主义办学方向，拥护党的方针政策。民办教育作为社会主义教育事业的重要组成部分，应紧紧围绕“为谁培养人、培养什么人、怎样培养人”的根本任务，牢记“四个意识”，坚定“四个自信”，强化“四个服务”，全面贯彻落实十九大精神和习近平总书记的教育思想；要始终坚持社会主义办学方向，坚定不移地向以习近平同志为核心的党中央看齐、向十九大精神看齐，毫无保留地忠诚于党、忠诚于党的教育事业，培养德智体美劳全面发展的社会主义建设者和接班人，办好人民满意的教育。

不忘初心，牢记使命。国运兴衰、系于教育；教育兴衰、系于教师。教育工作者不仅肩负着传道受业解惑的责任，更是肩负培养具有高度社会责任心、有创新精神和实践能力的人才的使命。我校是由创办人王广亚博士捐资创办，创办人一生淡泊名利，一心奉献教育事业，他的这种精神值得我们学习，他的这份初心值得我们铭记。作为教育工作者，应当强化大局意识和服务意识，提高自身的理论业务水平和自身综合素质，不忘初心，牢记使命，全心全意服务于学生的成长成才。

落实十九大报告精神，把学校各项事业推向前进。十九大报告有目标、有任务、有方向，为我们民办教育指明了前进的道路。我们全体教职员工在具体的工作、学习和生活中，应以十九大报告精神为指引，以本科教学合格评估为契机，严格要求自己，脚踏实地，创新工作，迎难而上，敢于担当，把学校各项事业推向前进。

第九章

助力父亲回馈桑梓的懿行善举

“位卑未敢忘忧国。”我的父亲王广亚，在他的人生辞典中，有这么一条名言：“为自身谋则患，为天下谋则福。”因此，在他1990年回大陆探亲之后，除了创办升达大学之外，他还时时刻刻想着家乡，想着家乡的教育发展，想着家乡群众的生产生活，对生育他、养育他的家乡倾心报答、慷慨馈赠。他走到哪里，都想浇一瓢水，让那里的庄稼更旺；添一把柴，让那里的火更红；他恨不得想把对家乡的情爱一下子倾吐出来。他说，这样做我心里高兴、心里踏实，我对得起这里的山，这里的水，对得起家乡的父老乡亲。

父亲为家乡海上桥村捐资修路、办厂、扩建小学，建设文化大院；为郑州市捐资兴建升达艺术馆。他还捐资旅游景点登封少林寺、洛阳白马寺、杜甫故里；他为黄河游览风景区捐赠石刻；他在家乡众多学校设立“广亚奖学金”；他又为云南、汶川地震灾区、河南台前县洪涝灾区捐款捐物；屈指算来有数十项之多。这些捐资捐建项目，因父亲年迈、公务繁多，又不可能项项事必躬亲，因此，大多数捐资捐建项目都是父亲责成我去落实、去办理、去完成的。每一个项目，父亲总是千叮咛、万嘱咐，让我办好、办细，不得马虎。

父亲的事业，就是我的事业；父亲的事情，就是我的事情，而且是我最大、最重要的事情。帮助打理、实施是我向父亲学习的机会，也是在完成父亲的事业，传承和光大父亲的崇高理想，也是我的荣耀。

一　尽力协助父亲扩建改造海上桥村小学

“绵世泽莫如为善，振家声惟有读书。”

父亲回馈桑梓的心愿，在他没有回乡探亲之前就已经开始实施。早在20世纪80年代，父亲让母亲和我移居香港之后，我们平时交谈，最多的话题就是家乡海上桥村。父亲已有30多年没有回过老家，所以总爱向我和母亲询问，村里现在啥样？乡亲们还住窑洞不？大伙的生活都好吧？然而，他最关心的则是村里的小学的现状。1985年前后，当他得知海上桥村小学还在那个破旧失修的祠堂，没有门窗，四面漏风，房顶上长满荒草，瓦片不少脱落，雨雪天气，孩子们都不能上课，他心里久久不能平静。他抱怨我为什么不早点儿跟他说。他立即让我和家乡联系改建海上桥村小学之事。之后，通过教育部门两次替父亲汇款3万元人民币给海上桥村扩建维修校舍，购置图书并建立图书馆。

为了办好扩建维修村里学校这件事，我从香港回到海上桥村，为了节省开支，我都是坐最便宜的硬座火车，花费了两天多的时间。到村里后，我和村干部商讨学校改建方案、寻找好的建筑队，并就扩建校舍一事上教育局申报。其间，我还带领村里群众做好改建施工期间的后勤工作。在村干部的精心组织下，经过我的努力，施工队日夜施工，在原址上修建了两排双层的教学楼，将学校的面积扩大为360平方米。明亮宽敞的教室、砖砌的围墙、粉白的墙体及校园内栽种的松柏花草，使海上桥村小学两个月内旧貌换新颜，变成了一所令周围村庄称赞与羡慕的、崭新漂亮的校园。

1990年9月，父亲第一次回大陆省亲，回到阔别43年之久的海上桥村，让他受到了意想不到的礼遇与欢迎，一进村口，鼓乐高奏，热情的乡亲们高举着欢迎横幅，儿童挥动着小旗、花束，他还清晰地听到小朋友们喊他王爷爷。这场面让他感动得热血沸腾，心脏急速跳动。尤其是当他看到当年他捐资扩建的学堂，如此整洁、漂亮，脸上堆满欣慰的笑容，一直夸我这件事办得很好。

父亲是个细心的人，在参观学校时，当他看到学校校园还是黄土地面时，又随即表示要再捐资6万元，硬化校园路面，让学校增添硬件设施。之后，我和村长等人一起商议，认认真真地落实了父亲的意愿，用这些钱建造了一个操场，又把教室的课桌、凳子及门窗重新漆了一遍，硬化了校园路面，还购置了图书、广播器材、医疗器材、保温水桶、脚踏风琴等物品，2001年的六一儿童节前夕，我还协助父亲给村里7岁以下的儿童捐赠600套统一式样的衣服。之后，父亲又为学校捐赠了20台电脑。当学校修建“建校纪念碑”，铭记父亲捐资助学的功德时，当乡亲们通过我向父亲赠送“情系家乡教育，恩德重于泰山”的锦旗时，我觉得所有的付出都是值得的。我暗想，我也要做像父亲一样的人，把教育作为人生的责任，把无私奉献作为人生的信条。

二　帮助父亲改变家乡贫困面貌

1990年9月，父亲首次返回故乡，我陪他登上村子北边的最高处——窑顶。这是他非常熟悉的地方，儿时常常攀爬的地方。在去窑顶的路上，父亲特别高兴，他对我说，人不管走多远、离开多久，对故乡总是深深的眷恋。故乡好比一棵粗壮的大树，我们就好比那树上的叶子，即使长得很高很高，也逃不掉落叶归根的命运。当然，它更想竭尽全力回馈大地，回馈新的生机与生命。

站在窑顶，父亲专心致志地扫视村庄，从东望到西，又从西望到东。父亲心事重重地说：“我的家乡啊，还是老模样，还是沟沟坎坎一面坡，贫穷啊！”稍停片刻，他转过身来问我，“淑芳，你说，我还能给咱们村子做些什么？”我顺口说出当时社会上很时髦的话：“要想富，先修路；道路通，百业兴。”父亲说：“对，修路，淑芳，你去和村长们商量商量，看看这路怎么修？大概需要多少钱？我来出。”

海上桥村是一个十分偏僻、闭塞的小山村，以前与外界没有公路相通，更不要说去巩义县城和其所归属的大峪沟镇了，就是到附近的白河、山神庙、王河、铁匠炉等村都是曲曲折折、高低不平的山村土路。那路，晴天是“扬灰路”，雨天是“水泥路”，乡亲们受尽了出门行路难的苦楚，早就酝酿着修路，但终因无钱而未能实现。

随后，我到村委会告诉村干部们：我的父亲要捐资为咱村修路。消息传出全村都沸腾了，许多老人的脸上挂着泪花，年轻人满脸堆笑，大家奔走相告，像过年过节一样兴奋。之后，我和乡亲们查勘地形，绘出草图，拿出计划，又一一向父亲汇报。父亲随即寄来修路专款，前后共45万元。经过一年多的努力，至1991年年底村里共修了4条路：一条是从村口向东到“站大公路”（站街火车站至大峪沟镇公路）；一条是从村里南沟到岭山；一条是向西从青狮山到白河村；还有一条是向北从村子后沟到北岭窑顶。四条路总长5000多米，全部是柏油路。公路不仅贯通了全村，还与站街火车站、大峪沟镇、巩义市区以及310国道相连接。昔日山间的陡坡小道，如今变成了能开汽车的大道，汽车可以一直开到村民家门前，坐上汽车可直通山外的大千世界。公路通了，村委会把一条主路命名为“思源路”，并建立一块“思源路纪念碑”，上书“功德传桑梓，风范育后人”，详细记述了我父亲捐资修路的事迹，感恩父亲赤子捐助情义深。2002年，父亲又捐资10万元，将海上桥村向西走出山沟通往铁匠炉村的道路拓宽至6米。便利的交通使家乡的经济迅猛发展，人民群众的生活水平大幅度提高。

为了让老家的乡亲们摆脱贫困，尽快地富裕起来，奔向小康之路，我多次带领中国台湾的企业家、父亲在中国台湾育达学校杰出的校友到海上桥村考察合适的投资项目，建立了“郑州海上桥台圳木业有限公司”，生产木质地板。并协助父亲投资、扶植起这家工厂，积极为产品联系销路。

2011年春夏之交，海上桥村遭受数十年所不遇的旱灾，父亲得知这个消息后，便委托我去向村里捐资打机井，以解决村民的吃水问题。于是，我三番五次到村里，找勘探队测量地形、选择地址，初次打井失败，又重来，终于在村里打出一口深404米，每小时出水23吨的机井，又在村里建了5个蓄水池，满足全村2600口人的饮水需求，还可以用来浇灌农田。村民们都说，我父亲又为村里办了一件大好事。

三　为母校巩义二中捐建钟塔

20世纪50年代，我当时以优异的成绩考入巩义市第二中学。巩义二中是河南省24所重点中学之一，在巩义、郑州甚至河南省都很有名气。能进入这样的学校就读，我非常自豪。因为当时家里情况特殊，所以我和学校的师生交流并不多。令我没想到的是，巩义二中有着良好的校风。学校的老师和同学都很关心我，他们并没有因为我既是从山村里来的，又有窘迫的家境而嘲笑我、歧视我。相反，他们总是给我温暖、自信，给我走出自己封闭内心的力量，使我取得良好学习成绩，还获得了助学金。因此，每每想起在巩义二中的学习情景，我心头总有暖流涌动，母校给予我的不只是知识，还有做人的道理及面对生活的勇气。那浓浓的师生情、同窗爱使我走出悲观的阴影，敢于面对人生的不幸，为我以后树立积极向上的生活态度奠定了良好的基础。

▲ 巩义二中钟塔照片

母校对我来说，就是人生的拐点，是我人生路上的导师，是扳正我错误思想的铁钳，对我有着极其重要的意义。几十年来，我无论走到哪里，都对母校怀着深深的思念、深厚的感情，时常关注着母校的发展，并一直想回母校看看。机会终于来了，1990年9月，父亲第一次回大陆探亲，我和父亲在巩义市领导的陪同下，被邀请到巩义二中参访。阔别了31年，我又回到了母校的怀抱，校园里盛开的鲜花含笑欢迎着我们，重重的绿树向我们招手，我见到了当年教过我的几位老师，倍感亲切。

我们参观了学校的教学楼、整洁舒适的校舍及恬静优美的校园。我了解到学生优良的升学成绩、良好的社会信誉，不觉为母校竖起大拇指！可即便如此，我想总该为母校做点什么吧？我对父亲欲言又止，父亲猜到了我的心思，他这位热心教育的长辈，在巩义市政府的招待晚宴上表示："我愿出资在我女儿的母校——巩义二中校园内，捐建一座钟塔。"瞬间博得与会人士的热烈掌声。这不仅是父亲对家乡馈赠的标志，也是一位父亲对女儿感恩母校的关爱！

父亲把这件事交予我来办理。随后，我便与校领导联系沟通，实地察看学校布局，参与钟塔建造策划，确定了以鞭策、激励学生珍惜时间、刻苦学习为建造钟塔的理念。在对钟塔造价进行预算时，因我执意要为母校建造一座漂亮的、有时代感的、高质量的钟塔，所以造价即从起初的9万元增加到13万元人民币。最开始设计的图样是一个古庙钟楼，我和父亲都不太满意，父亲后来专门请人设计了一个螺旋式上升造型的钟塔方案，激励学生珍惜时间，刻苦学习天天向上的理念，得到了大家的一致赞同。

当钟塔以高耸的英姿出现在二中校园时，巩义城内一片哗然。它高20米，通体粘贴白瓷砖，圆形的基座用汉白玉铺砌，钟塔正立面镶嵌着一块大理石碑，碑上镌刻着我父亲亲笔题写的“顶天立地，继往开来。四育均衡，天下第一。”16个遒劲有力的大字。当时，这座钟塔成为当地的地标性建筑，巩义电视台曾在之后很长一段时间，把“二中钟塔景观”当作新闻联播的片头进行宣传。对此我感到非常自豪。

四　协理父亲捐建“升达艺术馆”

在郑州市紫荆山公园东面的城东路上，有一座风格别致的“升达艺术馆”，占地23亩，建筑面积4700平方米。这个艺术馆是我父亲为郑州市捐建的。

那是1990年秋，父亲回大陆探亲，在与郑州市有关领导交谈时主动提出的，愿出资无偿为郑州建造一所艺术馆，为书画等文化界人士提供活动场所。这令郑州市领导喜出望外，大加赞赏。1991年年初，父亲便将建造艺术馆的60万美元汇到郑州市人民政府财政局，并请中国台湾著名设计师设计了艺术馆图纸。父亲把图纸拿来，让我转交给市政府有关人员，希望我联络督办艺术馆的建造。

1996年6月17日，我陪父亲参加了在升达学院行政楼国际会议厅举行的建馆签约仪式。

父亲的一腔赤子之心与期望，终于可以实现了。开工后，因害怕工程“泡汤”，不管刮风下雨，我都马不停蹄地奔波于工地，查看、督办工程。还好，只用了不到一年时间，艺术馆就竣工了。我陪父亲参加了落成典礼，他老人家甚是兴奋，发表了热情洋溢的讲话，还将自己珍藏的刘延涛先生上乘画品108幅无偿捐赠给艺术

▲ 升达艺术馆照片

馆，作为馆藏。

最初，艺术馆由父亲提出叫“刘延涛艺术馆”，这是父亲饮水思源、感恩刘延涛先生。因为在1949年父亲于中国台湾草创教育机构举步维艰、困难重重之时，刘延涛先生给予了道义上的帮助，最终事业有成。因此，他想在家乡建一座艺术馆，使刘先生的书画艺术得以发扬光大，既可促进两岸的文化交流，又能深表他对先生的知遇之恩。对此，我替父亲到市政府、市文化局跑了一趟又一趟，道出原委、申明理由。但根据国家有关规定，任何人都不得以私人的名字命名楼堂馆所。最后只好将艺术馆改为“升达艺术馆”。

到了2010年，升达艺术馆又有让人不愉快的事情发生。在没经投资人——我父亲的同意之下，管理单位郑州市文化局竟然把艺术馆转给一家公司承包，使该馆变成一个经营场所，馆内出售咖啡、食品、旅游与日常用品等，还有商户及房地产公司租住，名字也随意地被改成了“商都艺术馆”，大煞艺术馆风景，违背了其促进文化发展之初衷。

父亲得知此事之后，十分惊讶和气愤，大有被愚弄、欺骗的感觉。我也气不过，一边安慰父亲，一边主动协助父亲去伸张正义、讨回公道。2010年9月21日，我秉笔直书，向河南省与郑州市领导致信反映此事。现将信件附下：

关于请求将“商都艺术馆”恢复为“升达艺术馆”等问题致省市领导的一封信

尊敬的卢展工书记、郭庚茂省长并连维良书记、赵建才市长：

我以难以平静的心情向你们反映：由我父亲——中国台湾教育事业家王广亚博士于1997年捐资兴建并无偿赠予郑州市人民政府的“升达艺术馆”，现已变为一个经营性公司。这一行为完全改变了艺术馆公益文化事业的性质，严重地违背了投资人王广亚先生的初衷，伤害并亵渎了一个爱国台胞热爱党、热爱祖国、热爱家乡的一片赤心。

卢书记、郭省长、连书记、赵市长，由于父亲年事已高，又长期寄居台北，兴建打理艺术馆的许多具体事项都是老父责成我出面办理。最近，我听说升达艺术馆现已交给一家公司经营，非常伤心，我们有被愚弄、被欺骗之感。老父回馈家乡建造的艺术馆，不打招呼，不与投资人商量，就随随便便交予他人？为了使父亲出资捐建的艺术馆更好地为省会人民服务，促进省会文化事业的发展，更好地履行协议，真诚合作，尊重台商，我秉笔直书，急切地向省市主要领导汇报反映此事，恳请省市领导在百忙中关注此事，派人彻查，并尽快将艺术馆收归郑州市人民政府管属，并恢复“升达艺术馆”馆名，以了却一位爱国老人的心愿。

河南省政协委员、郑州大学升达经贸管理学院董事

王淑芳 敬上

中国台湾教育事业家王广亚长女

于2010年9月21日

由于省市领导的重视，2011年6月，升达艺术馆的问题终于得到解决，并陆续实现了“四个恢复”：将艺术馆的名称恢复为“升达艺术馆”；恢复了升达艺术馆的隶属关系；恢复了升达艺术馆的公益文化场所功能；复建了升达艺术馆建馆记和“广亚亭”。我和父亲以及全体升达师生都非常高兴。

后来，就处理升达艺术馆之事，父亲从台北发来传真夸奖我道：这件事情你办得很好。

五　辅助父亲支持诸多学校建设发展

我曾在《我的父亲王广亚》一书中写道：我的父亲一生从事教育，他对教育事业可谓情有独钟。自1985年他与家乡取得联系，在郑州办学至今的30余年中，先后对海上桥村小学、巩义二中等进行捐资改建。除此之外，还对河南的教育及许多学校的建设发展，给予关心支持并解囊资助。1995年4月，他被盛邀担任河南省民办教育协会名誉会长职务。1996年9月，他为郑州大学校庆40周年赠送486彩色电脑40台；1996年之后，他连续数年，在郑州大学、开封黄河水利学校设立“广亚奖学金”。郑州大学党委书记戴羌平、校长曹策问曾致信表示诚挚的感谢。1996年之后的连续20年，他在升达学院驻地——新郑市龙湖镇中学设立奖学金；2000年，他联系“台湾鼎泰营建机构”总经理施鹏贤，捐资改造巩义寇家湾小学校舍；他还为郑州经贸学校捐赠打字机，为南阳西峡二中捐建“感恩亭”……

这一件件义举、一桩桩善行，令我敬佩、感动，我竭尽全力帮助父亲一件件地去办理、去落实。我可以自豪地说，我是父亲的总代理，不管是收款、汇款，收货、送货，还是举办赠予活动，协商有关事宜，只要父亲不在河南，或者抽不开身，我都替父亲去参加、去打理，不怕麻烦，不怕劳累，并且乐在其中。这不仅是孝敬父亲，去实现父亲的意愿，也是在做行善积德、毓秀流芳的好事。

父亲在新郑市龙湖镇中学设立奖学金，每年拿出1万元人民币奖励100名优秀学生。钱不是很多，奖品也不是很重，但对一般的乡镇学校来说已经很可观了，这成了激励同学们发奋读书的动力和良好方法。全校学生都以获得“广亚奖学金”为荣耀、为奋斗目标，形成了你追我赶的、浓郁的学习氛围，这件事也成为龙湖中学的办学特色。当每年6月一个学年结束时，龙湖中学就在升达学院的思源会馆隆重举行表彰颁奖大会，用“广亚奖学金”向各个班级评选出来的优秀学生颁发荣誉证书和奖品，师生们都欢天喜地。我经常代表父亲去会场颁奖、讲话，鼓励同学们好好学习，天天向上，以优异的成绩向学校、向家长汇报，人人争当祖国优秀的接班人。

父亲为南阳市西峡县二中捐建“感恩亭”一事，也是由我全权办理的。父亲曾告诉我，抗日战争时期的1939年前后，他就读的中学曾遭到日本帝国主义飞机轰炸而无法上课，他就到离铁道线偏远的南阳山区西峡县就读半年时间。虽然时间不长，但这个学校给父亲留下了深刻的印象，受益很大。2008年，父亲故地重游，又来到西峡二中，感慨良多，当即表示要为学校建造一座“感恩亭”，表达自己对母校培养的恩情。

▲ 感恩亭

父亲从南阳回到郑州，为西峡县二中建造“感恩亭”之事，没等他老人家交办，我就主动承接了这项任务。之后，不时和西峡二中领导联系，商定建亭的选址、规模、费用，找人设计“感恩亭”图纸，按照父亲的心意，我还找人撰写了“感恩亭”纪念碑文。我把事情安排得妥妥当当、有条不紊，父亲非常满意。

亭碑记载：

> 我曾游学于巩义、洛阳、开封等地。抗日战争爆发后，保定育德中学迁至南阳内乡西峡口，吾乃有幸入校学习，母校有着深厚的文化积淀，特别是学校朴实而严谨之校训：不作弊，不敷衍。让我在做人做事与办学事业中受益终身。2008年3月29日，我重返阔别多年的母校，为感恩母校培育之恩，谨捐建感恩亭一座。以寄启莘莘学子对母校之感恩深情。

如今的“感恩亭”坐落在西峡二中的校园里，成为学校一处亮丽的景点。

六　修建海上桥村文化大院与广场

人人都怀念自己的家。不过今天，我在这里要说的这个“家”，不是指家乡、家庭与家人，而是指家院、家屋与老宅。在中华人民共和国成立前夕，我们家在海上桥村有一处不是很大的院落，加上临街房，算是一个小四合院，有上房和左右厢房，建筑面积不足200平方米；院子深15米左右，宽有6米左右。就是这样的一个家，我的父亲在中国台湾期间一直在回想、在怀念，因为那是他出生成长的地方，那里有他快乐的童年，有很多美好的值得他回忆的故事。

直到1981年，父亲在香港和母亲见面时，才知道他的这个家在1950年政府土改时，已分给了村里的四五家村民居住，但是他没有半句怨言，完全拥护政府的安排。

在回乡办学的2008年前后，父亲又产生一个为家乡办好事的想法，想在自己家原来的院落为海上桥村建一个文化大院，购置文化设施、文化器材、文化用品，丰富家乡村民的文化生活，提高村民的文化素质。至于正在房子里居住的村民，父亲愿意出资让他们每家都在村子里新建一处大于现在居住面积的房子。我跑回海上桥村，把父亲的想法向村干部汇报，村干部完全同意，那几户村民也乐意。然而，等到具体去办理时，几位村民又成倍地加码。为此事，我一趟一趟地跑回村子斡旋，找村干部、找当事人，费尽了口

▲　海上桥村文化大院照片

舌，磨破了嘴皮。最后，协调不通，计划无法实施，村委会只好在村子南边划出一片大于我家老院10倍面积的地方，供父亲为家乡修建文化广场、文化大院。

父亲为海上桥村修建的文化广场、文化大院，于2009年下半年动工。这里原来是一块不规则、不平整的地块，需要铲土坡、填坑、修排水沟，工程量很大。为了实现父亲的心愿，实施这项工程，我怀着当初建造升达大学的热情，亲力亲为，几次到村里召开会议，到现场查勘指导工程进展。建设初期，我参考了多个地方的文化活动场所的风格以及设施设备，并结合村民的需求与喜好，几经斟酌绘出了设计图，尤其是对大戏台、活动室的规划、设计，我完全仿照升达学院楼房的设计风格，备受父亲称道。

海上桥村修建的文化广场、文化大院，于2010年6月竣工。广场总面积6000平方米，建筑面积1400平方米，绿化面积1000平方米，硬化地面积3600平方米，广场内设有大戏台、卫生室、展览室、王氏宗祠、篮球场、娱乐室等场所。站在高处俯瞰文化广场、文化大院，宏伟壮丽，金碧辉煌。2010年6月8日，海上桥文化广场落成仪式隆重举行。郑州市、巩义市领导，还有来自韩国、泰国和中国台湾地区的100多位嘉宾出席。我和升达学院、成功学院的领导和师生代表与当地居民约1500人参加仪式。仪式上，父亲请成功学院院长张平之代他宣读书面讲话，字里行间流淌着对家乡的热情与深情，以及对文化广场落成的激动与开心。我也感到自豪，因为我为文化广场、文化大院的建成付出了太多的心血。

目前，海上桥村文化广场成为大峪沟镇和巩义市农村文化的一个亮点，为村民学习、娱乐、健身、开展文化活动提供了良好的场所。在社会主义新农村文化建设中，发挥着巨大的作用，备受当地政府与广大村民的称赞与感谢。

七　助力父亲捐资捐建家乡名胜景点

▲ 巩义杜甫故里“杜甫塑像”照片

父亲热爱教育事业，不仅对家乡的教育十分关注、热心，对家乡的文化、文物、名胜景点也十分喜爱、关心。1990年9月回大陆探亲时，他饶有兴趣地向我询问，现在咱们河南几个主要名胜景点怎样？比以前有多大变化？接着他说：“在中国台湾，我经常以家乡有龙门石窟、白马寺，有开封龙亭、相国寺，有嵩山少林寺等景点而骄傲，而自豪。”当我一一告诉他，中华人民共和国成立以后，祖国建设突飞猛进地发展，家乡的许多景点都有不小的变化时，他按捺不住激动的心情说：“好！好！我要去看看。”于是，我和家人专门陪同父亲去了郑州、洛阳、开封、登封等地的旅游景点。

然而令我没有想到的是，到了那里父亲并非故地重游，也并非游山水、看景致，而主要是考察：他仔细考察了景区30多年来的变化情况；他向住持或僧人们了解寺院的建设发展情况；他认真察看景区一些重要文物的保护情况……当他发现问题、遇到机会，就立即慷慨解囊，向景区负责人表示愿意出资支援景点建设。据不完全统计，这些年，我父亲主动向景区景点捐款、捐物、捐建的就有四五次。他为少林寺捐资3万元并捐赠一块“木匾”，为洛阳白马寺捐资重新镌刻《四十二经碑》，为郑州黄河风景游览区捐赠一块石碑，碑上刻有“育中达华”4个字，表达对祖国的思念和祝福。他还为巩义杜甫故里捐资修建一尊汉白玉“杜甫塑像”等。

▲ 黄河风景游览区石碑“育中达华”

以上这些善行，其具体工作我都协助父亲一一予以办理。在去办理时，有时候我也在想，父亲为什么这样做？我不十分理解，但是，我知道这些都是对祖国优秀传统文化的传承，是另一种人生的升华吧！这时，我愈感到父亲心胸之宽广、境界之高远，愈感父亲之伟大。于是，去办理这些事情我也十分愉快。现在回想起来，为洛阳白马寺捐资镌刻《四十二经碑》一事印象最深，因为耗时最长、费力最大，前前后后的经过，我至今仍历历在目。

那是1990年9月，我陪父亲去参观他向往已久的洛阳白马寺胜迹，在经过一些碑刻处，听了陪同人员及寺院住持的介绍后，父亲顿时惊喜：了不得，白马寺竟还保存着这么多历史悠久、有价值的文物！特别是大雄宝殿佛像背后墙壁上、嵌着的一排国宝级文物——当年摄摩腾和竺法兰二位高僧翻译的“四十二经”碑刻，尤为珍贵。不过，因保存不当，碑面模糊不清，又放置在很不明显的地方，使它失去了价值。父亲为此感到十分遗憾。

为了弘扬中华文化，使佛教瑰宝流传后世，父亲建议将“四十二经”重新用石碑镌刻出来，放置在寺院明显之处，盖个碑亭，让它重见天日，让珍贵的国宝供更多人观赏研究。当地有关领导和寺院住持都说父亲的主意很好，可是，一个个流露出囊中羞涩的表情。我悄悄地跟父亲说，他们没钱修建。父亲也觉察到了，当即表示愿意出资重刻“四十二经碑”。现场一片欢喜，个个称赞我父亲！

后来，我与寺院住持一次次联系、商量碑刻的具体事项，式样、形状、大小、石材质量、安放位置等，几经反复周折，用了7个多月的时间，耗资35000元人民币，终于使白马寺历经两千年岁月尘封的“四十二经碑”走出昏暗角落，来到灿烂夺目的阳光之下。事毕，我和父亲都兴奋不已。

八　协助父亲向灾区捐款捐物

2012年4月，我的父亲王广亚被民进河南省委、河南省教育工会、河南省民办教育研究会授予“河南省民办教育慈善人物”的称号。我认为，这个称号对我父亲来说，是实至名归。

天有不测风云，人有旦夕祸福。从1991年至2010年，在这期间，我国连续发生多次地震和水涝灾害。父亲在自然灾害面前，总是十分关注受灾情况、关心灾区民众的疾苦，伸出援助之手，慷慨解囊，支援灾区。1991年7月，华东华中地区遭遇百年不遇的特大洪水灾害，他捐款100万元新台币；1996年2月5日，云南丽江地区发生7级以上地震，他捐款50万元新台币；1998年9月，豫北台前县遭受严重水涝灾害，他捐款78700元人民币（购买了1666件棉大衣）；2007年7月，他向河南省三门峡、洛阳、南阳遭受洪水灾害的地区捐款10万元人民币；2008年5月12日，四川汶川县突发8.0级特大地震，他捐款20万元人民币；2010年4月14日，青海玉树发生7.1级地震，他捐款2万元人民币。

以上这些捐款，凡是在大陆实施都是让我帮他去办理的，每次捐款，父亲总是对我说："淑芳，天降灾难啊，我的心情十分沉痛，灾区群众遭受巨大损失，急需救灾物资，急需疗伤，急需重建家园，你快快把这些钱通过慈善部门送到灾区，这是我的一点儿心意，以解灾区群众的燃眉之急。"我深为父亲大公为怀、热心公益事业的精神所感动，所以每次我都积极参加救灾活动，认真办理父亲交办的事情。

1998年9月初，获知豫北台前县遭受严重水涝灾害时，我按照父亲的指示，在升达带领广大师生踊跃向台前灾区捐款。当时，师生捐款21300元，我向父亲汇报之后，父亲思考片刻然后说，我捐上78700元，凑个整数共10万元人民币。那几天，由于连续的阴雨天气，气温骤降，已有寒意袭来，为了解决灾区群众的实际困难，我与父亲商量，用这笔捐款购置军用棉大衣，直接送到灾区如何。父亲非常赞同这个意见，并叮嘱我："一定要买质量好的军大衣。"于是，10万元共购置了1666件高质量的军大衣，整整装了一大卡车。

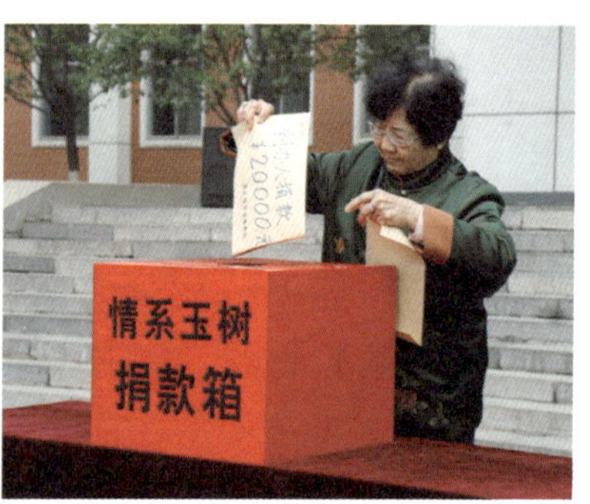

▲ 升达师生捐款照片

“情系灾区，爱在升达。”1998年9月9日凌晨，我和学校总务长、团委书记等人带着这批救灾物品，代表父亲和全校师生的深情，驱车驶向距郑州近300千米的豫北灾区。我们不怕劳累和路途遥远，驱车6个多小时赶到台前县，备受县领导和灾区群众的欢迎。当我们看到被水冲坏的道路、横卧在地上的树木、歪歪斜斜的电线杆、被水围困而停产的工厂、损毁的庄稼、愁眉不展的群众时，我的心都碎了。那天，在台前县组织的捐赠救灾物品仪式上，省台办主任高度赞扬我父亲及全校师生的爱心义举。我们还到群众家里走访，先后到了孙口乡桥坊村村民乔继升、刘金秋家和五保户乔学连家，将一件件军大衣亲手送到他们手中，亲切地同他们握手，向他们问寒问暖，鼓励他们团结奋斗、战胜灾害、重建家园。朴实的乡亲们感动得热泪盈眶，连声说谢谢、谢谢。

九　乐于助人、资助困难学生

受到父亲的影响，我也非常乐善好施。这一生受我帮助和资助过的学生不计其数。只要我知道或听说谁家有困难、有急事或有迈不过去的坎儿，都会伸出援助之手。如在十几年前（2006年），我听说学校一个叫代子强的职工，女儿考上大学后因交不起学费，全家人一筹莫展。我立即送给他500元钱，帮他渡过了难关。如今，代

一封感谢信　道出几多情

尊敬的升达学院领导：

您好！我叫代然，是河南教育学院2006级心理咨询一班的学生。我家有5口人，祖母体弱多病，我和弟弟都在读大学，全靠在升达当管理员的父亲挣钱养家，生活拮据。开学前，家里卖了粮食和河边的几棵杨树，东挪西借，依然凑不够我姐弟俩的学费。

9月19日晚，父亲回家，从口袋里掏出500元钱，放在我们面前，说：“这是王淑芳董事听说我们家的情况后，给你们上学用的。”这时，我分明看到父亲疲惫潮湿的眼眶里闪动着晶莹的泪花。

母亲埋怨说：“你不该接这个钱，自己家的事情咋还能拖累领导呢？”父亲委屈地说：“我本来是不要的，可王董事听说了咱家的难处，坚持要给的。”弟弟说：“王董事在我们最困难的时候雪中送炭，我们一辈子都会记着她的恩德。”

我哽咽了，心里明白，父亲挺辛苦的，他在升达工作12年，每年春节都是在岗位上度过的。他拼命工作，就是为了减轻一些家里的负担。而充满爱心，体恤下属的王董事，更是在这个时候，帮了我们一把。我们定会努力学习，决不辜负她的殷殷期望。

▲　一封感谢信

子强每每提起，依然会热泪盈眶。他女儿还为此专门写了一封感谢信。类似这样的例子还有一些。从建校这27年来，每年学生中总会有那么几个因各种原因交不起学费的，能减免的就减免，能帮助的就帮助。我记得父亲曾教导我说：君子施恩不图报。所以多年以来我一直谨遵父训，从不计回报。

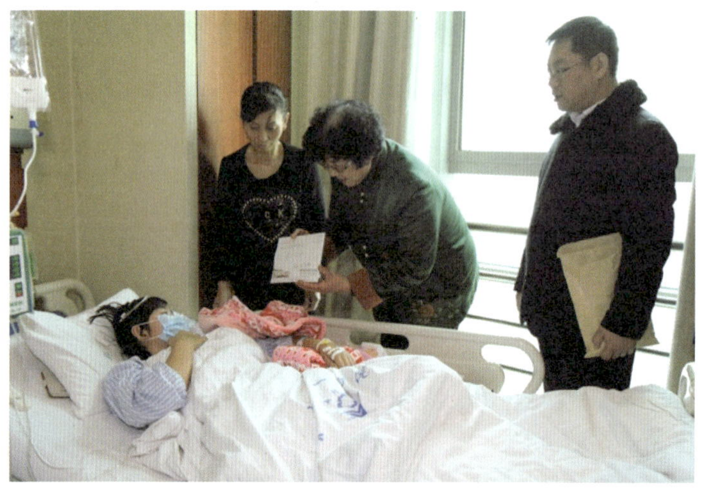

▲ 资助困难学生照片

第十章

担任河南省政协委员

▲ 政协委员照

从1995年到2012年，我曾担任第七届、第八届、第九届、第十届中国人民政治协商会议河南省委员会委员。这是党和人民对我的信任，是父亲的殷切期望，是我本人和升达学院的无尚荣耀。历任4届、长达17年的河南省政协委员生涯，我没有辜负党和人民群众对我的期望，严格履行政协委员的职责。在政治协商、民主监督和参政议政三项主要职能上，如期参加会议，积极参与政协组织的工作检查等活动。就政治、经济、文化和社会生活中的重要问题以及人民群众普遍关心的问题，开展调查研究，认真书写提交提案，及时反映社情民意，开展民主监督。

在担任政协委员期间，我积极参加了省会各界“迎接香港回归”的庆祝活动，积极参加省政协组织的学习、考察、调研活动，热情地接待各级人大、政协领导与代表委员们一次又一次到升达学院考察参访、指导工作。总之，我可以自豪地说，我的政协委员工作历尽职责，成绩颇丰，画上了一个圆满的句号，受到了政协领导和广大委员们的充分肯定与高度赞扬。我从中也得到了锻炼，增长了学识，提高了思想政治水平和工作能力，丰富了人生，的的确确是受益匪浅。

一　担任政协委员的经过

政协委员，以前对我来说，这是一个可望而不可及的字眼，是一个象征着重大责任、重如千钧的词汇。开始得知我要当政协委员时，我的内心百感交集。然而，更多的是无限感恩，对引导自己走出困境、指导自己跨进教育行业的父亲充满感激之情。

曾几何时，我是一个普普通通的小老百姓，甚至可能还要在普通人之下，为了生存，我曾从河南乞讨至新疆，为了养家糊口，我曾在西域风雪中颠沛流离，这辈子竟然还有机会当政协委员，在以前看来简直是天方夜谭，是火星撞了地球的事情。今天，这件事却真实地发生了，就发生在我这个普普通通人的身上。然而，激动的同时也有些许忐忑。我告诫自己，这是国家的重托，是人民的信任并赋予的权力，你能受得起这个职位吗？思考片刻，我认真回答：能！完全能！因为我是红旗下长大的一代，对党怀有深厚的情感，从内心深处热爱中国共产党，拥护中国共产党的领导；我有顽强拼搏的精神，有吃苦耐劳的性格，有坚强不屈的毅力，党和人民叫我干啥我都会在所不辞、倾其全力。

不过，我心里明白，我之所以能够有幸担任政协委员，很大原因要归功于我的父亲王广亚。我当政协委员的原因，可以从三方面谈起：一是我父亲当时是“台湾广兴文教基金会”的董事长，在中国台湾创办多所学校，名声很大，又回馈桑梓，在河南创办的升达学院，堪称社会典范，很有影响，我作为他的女儿，又在帮助父亲打理升达学院，其社会地位自然受到重视；二是1984年父亲把我们全家从新疆迁移至香港，我的身份是香港人；三是一件事情敲定了让我担任河南省政协委员。那是我父亲创办升达学院之初，在中国台湾经营书店的朋友送给他数万册图书，支持他在大陆办学。图书运送至升达学院，上级教育主管部门查看后，却不允许在学院图书馆上架，还派专人去一本本地审查图书。这件事也惊动了上级领导，最终顺利解决。

担任了政协委员之后，我知道肩上的责任重大，有许多东西还不知道、许多事情还不了解，但我有一颗上进的心，可以不遗余力、锲而不舍地去探索、研究，不断武装自己。我没有渊博的学识，但有一颗渴求知识的心；我会去刻苦努力学习，去向那些有学识、有涵养的老政协委员讨教，不断地丰富自己。令我对自己满意的是，在新疆那段艰苦岁月、磨炼了我的心智，坚定了我的信念，如今，我多了一份平和、沉稳，我明白人民群众生活的不易，这样，我会不忘初心，坚守那份执着。

在其位则谋其政。在日后的工作中，我将认真学习党和国家的有关方针政策，学习法律法规，掌握更丰富的科学文化知识。工作时，我深入到师生之中，想他们之所想，忧他们之所忧，急他们之所急，解他们之所难，在政府与人民群众之间架起一座沟通、信任的桥梁，更好地为党和人民群众服务。

有句俗语说：欲戴王冠，必承其重。我觉得这句话很有道理，一个人只有承受一定的压力和负担，才能对得起头上那顶熠熠生辉的王冠。河南省政协委员的头衔于我而言，就是一顶灼灼其华的王冠。而我只有做到为人民谋福谋利、为百姓排忧解难，认真履行责任和义务，才算不辜负国家的信任、人民的嘱托。

二 “关于教育改革”的提案

提案就是建言献策，就是各个政协委员书写并提交会议讨论研究的建议。其内容主要是围绕国家大政方针的贯彻落实，当地在政治、经济、社会、文化建设中的重大问题和人民群众普遍关心的问题。在担任省政协委员期间，在政协会上，针对教育教学改革，我先后提交了《关于调整专升本学生选拔标准的建议》《关于允许高等学校本科层次招生补录的建议》《关于海峡两岸民办高校之间互派交换生的建议》等提案。

在《关于调整专升本学生选拔标准的建议》提案中，我认为，现行的专升本选拔标准，实际上是设置了两个关口：一个关口是推荐报名、认定参加考试资格；另一个关口是全省统一的专升本考试。两个关口的设置初衷是好的，在一定时期内发挥了很大的积极作用；但随着专科学生参加专升本考试的愿望愈来愈强烈，要求参加考试的人数愈来愈多，再由学校来完成推荐报名、认定参加考试资格的做法已越来越多地受到学生的质疑；由于没有统一具体的资格认定标准，在实际操作过程中，不可避免地引起学生对教育公平的误解和争议。根据专升本教育的实际情况，两个关口的选拔标准已经越来越多地暴露出其弊端和不足之处。因此，建议取消专升本学生选拔标准中学校推荐、认定参加考试资格的环节；在总的录取比例不变的前提下，允许所有专科学生自愿报名参加全省统一考试，通过省教育厅等权威部门组织的考试、按照考试成绩来选拔进入本科阶段学习的学生；以减轻各高校的压力，化解学生的不满情绪；使高校把主要精力集中到人才培养上，为确保校园和谐、消除社会和高校的安全隐患提供有利条件。

在《关于允许高等学校本科层次招生补录的建议》提案中，我认为，现在高考补录制度在专科招生中已经实行了一段时间，网上录取等新技术及制度规范、操作程序等方面都比较成熟。在专科招生补录的基础上，对补录制度应进一步完善，堵塞漏洞、加强管理，借鉴专科招生补录的成功经验，本科招生补录的各项条件已基本具备，是可以实施，也是有必要实施的。为保证国家对教育发展的规划落到实处，避免招生计划的浪费，提高教育教学资源的利用率，缓解河南省高等教育供不应求的局面，因此，建议在保持原有招生计划不变的情况下，允许高等学校对本科层次招生中因部分考生未报到造成的计划空缺予以补录，为中原崛起提供更多的人力资源支持。

在《关于海峡两岸民办高校之间互派交换生的建议》提案中，我认为，近年来两岸关系日益融洽，各方面交流日益频繁，河南省与中国台湾省的交流合作领域也日益广泛。2010年，河南省“中原文化宝岛行”为中国台湾省送去了“文化大礼包”，其中一项就是教育交流项目，即省内的4所公办高校与中国台湾省的6所高校签订了合作办学协议，为两省公办高校的交流开了一个好头，也为两岸民办高校的交流创造了条件。针对目前中国台湾省的私立高校较多，发展比较成熟；河南省内的民办高校也达到了一定规模，发展较为顺利；两省民办高校开展合作，交流办学经验，既是优化两岸教育资源的需要，也是两岸民办高校及学生的共同愿望和需求。因此，我建议建立海峡两岸教育交流的机制、规章制度等，从两岸民办高校互派交换生着手，选择条件成熟的民办高校，进一步加快推进海峡两岸民办高校的交流合作。

我的这些提案受到了政府及教育主管部门的关注和重视，有的问题进行了调查了解，有的问题已给予解决。

三　关于“请求解决升达学院疑难问题”的提案

当时，我是升达学院董事会的驻校执行董事，是代表父亲管理学校的，我时刻谨记父亲的教诲，照顾好师生员工，给予他们无微不至的关心和帮助。因此，为了学校的建设发展、为了师生的切身利益，在担任河南省政协委员期间，我经常针对学校难以解决的问题，在政协会上作为提案提出，请求政府职能部门帮助解决。现在回想起来，主要有“从校园内移出高压电线问题”“治理流入校园的污水问题”“在学院附近的107国道与商业街路口安装红绿灯问题”和“关于申请解决升达学院国有土地使用证遗留问题的报告”等。

从校园内移出高压电线一事是这样的。升达学院成立之初，一条35000伏的高压电线横穿校园，这不仅占据了校园内数十亩的土地，还严重威胁到师生的安全。高压电线产生的强烈电磁辐射，会影响到师生的生活，甚至危害师生的身心健康，若遇雷雨天气则更危险。这潜在的隐患让我寝食难安。针对这个问题，我三番五次去找当地政府，但问题迟迟得不到解决。后来，我在政协会上以提案的方式提了出来，立即得到政府有关部门的重视，最终将这条高压电线路移出了校外。使升达学院清除了这个事故隐患，我感到无比欣慰。

提案“关于治理流入学院的污水”问题，也是在升达建校初期，龙湖镇有一条由文昌路与淮河路汇入升达学院的污水管道，若遇大雨，流泻不及的雨水、污水一起涌入升达校园内，严重地污染了学校的环境，影响教学和师生的正常生活。针对此事，学校几次与龙湖镇镇政府反映，但一直未能解决。之后，我书写提案，建议将龙湖镇向南流入学校的市政污水，从校门外改道向北，汇入太平污水处理厂，并请求政府有关职能部门予以重视、帮助解决。后来，我的提案签批至新郑市龙湖镇，该区段的雨水、污水问题，按照我的建议，终于得到有效的解决。

提案关于“升达学院附近107国道与商业街路口安装红绿灯”问题，虽然不在校园内，但是关系到路过这里的师生们的安全。对此，我始终放心不下。龙湖镇位于107国道两侧，当时全镇人口有16.6万人，其中常住人口6.1万人，暂住人口2.4万人，师生则达8.1万人。而龙湖镇的多所大学在107国道东侧，商业中心则位于107国道西侧。据不完全统计，每天横穿107国道的人员、车辆近万次。然而，在龙湖镇商业街与107国道交叉路口，这个人流、车流如此密集的地带，却没有红绿灯。因此，这里成了交通事故的频发地，每年在此发生的交通事故有几十起。这一起起悲剧让我在难过之余又感到担忧。从广大师生与龙湖镇人民群众的生命安全的角度着想，我先是奔波于政府有关部门，后又在政协会议提案中提出了这个问题。经过我的几番努力，该路段交叉路口终于安装了红绿灯，升达学院师生和龙湖镇人民群众的行路安全有了保障。

我时刻提醒自己要担负起政协委员的责任，尽心尽力为党工作、为人民服务。我没有惊天动地的壮举，没有大的作为，只要尽力去做一些力所能及的事，对社会、对我的学校、师生有益，我就会感到心中无愧、心满意足。

四　关于“民办高校教师职称评定”的提案

清代著名画家、诗人郑板桥有一首诗写得特别好：“衙斋卧听萧萧竹，疑是民间疾苦声。些小吾曹州县吏，一枝一叶总关情。”

我在担任河南省政协委员期间，不时诵读这首诗。其用意，正如2012年12月29—30日，习近平总书记在河北省阜平县考察扶贫开发工作时所讲：“对各类困难群众，我们要格外关注、格外关爱、格外关心，时刻把他们的安危冷暖放在心上，关心他们的疾苦，千方百计帮助他们排忧解难。”习近平总书记在这里引用了郑板桥的这首诗，接着又讲道："我们共产党人对人民群众的疾苦更要有这样的情怀，要有仁爱之心、关爱之心，更多关注困难群众，不断提高全体人民生活水平。"虽然我不是共产党员，但我是升达学院的领导，在这方面，我时常以一个共产党员的标准要求自己。

我的父亲王广亚在他的《广亚锦言拾粹》一书中曾写道："人活在世上，是为自身谋，还是为天下谋？有的人处处为自身营谋，而有的人为天下人谋幸福，不惜牺牲个人的身家性命。"父亲还说："为自身谋则患，为天下谋则福。"我深受父亲的熏陶，深受父亲人生理念的影响，也明白自己的人生要怎样度过，要追求什么。在学校工作，我深谙民意民情、关心教师对教育事业发展的重要性。因此，在担任政协委员之后，我经常了解学院教师的诉求，曾提交过《关于民办高校教师在职称评定上应与公办大学教师同等待遇》提案。

20世纪90年代初，我国的民办教育处于起步阶段。当时，升达学院创建之后的一段时间内，教师没有参加职称评定。针对这个问题，参照教育发达国家与地区的经验及做法，我很快在省政协会上提交了《关于民办高校教师在职称评定上应与公办大学教师同等待遇》的提案，引起了主管教育的省领导和省教育部门的重视。我认为，民办高校是国家高等教育的重要组成部分，民办高校教师和公办高校教师都是为国家培养人才的，在待遇上应一视同仁。对于教师来说，职称不仅是衡量他们业务水平和工作能力的标志，也关系到他们的福利待遇，更关系到学校师资队伍的建设发展。这对民办高校教育改革、提高教学质量有着重要的意义。另外，我认为面对民办高校学生基础相对较差的实际情况，民办高校教师教学更辛苦、付出的心血和精力更多，教育部门在职称评审这个问题上，不应分"公办""民办"，相反，更应当向民办高校教师倾斜、关心高校民办教师。这个提案使地方政府对刚刚兴起的民办高校社情民意有了了解，为他们科学决策提供了依据。很快，河南省民办高校教师职称评定问题得到解决。更可喜的是，我的这个提案，还获得河南省政协“1995—1996年度优秀提案奖”。我兴奋不已，并更加理解了“赠人玫瑰，手留余香”的深刻含义。

民办高校教师职称评定问题解决后，升达学院广大教师备受鼓舞，大大调动了他们教学的积极性，使学校的教育教学快速发展，教育质量迅速提高。因为这不仅是对他们教学工作的肯定，也是对他们的鞭策与鼓励。许多深知内情的教师对我说：“董事长，您心系民办高校教师，为我们奔走呼吁，我们应该感谢您！”

五　关注民生民意 促进社会和谐发展

人在其位，必谋其职。身为政协委员，当然要时刻为民众着想，乐民众之所乐，忧民众之所忧，经常深入群众生活，了解群众的所需所求，然后为其说话，为其办事。因此，我在担任省政协委员期间，在将近20项的提案中，有不少是关注民生民意、促进社会和谐发展的内容。

关于“增设交通要道，提高限速标准”提案。随着近几年郑州大都市建设的快速发展，市区通往各县（市）的公路宽了好多，这在一定程度上提高了省会的形象。但是，公路设计和管理不科学的问题日益显现出来。比如，在一些新修的宽畅公路上，为保障行人安全，多处有限速40公里的标志（此地可能是事故多发区）。限速标准低，虽在一定程度上保障了行人的安全，却也带来了人流、车流难以流通，造成交通严重堵塞的问题，同时，也加重了交警的负担。试想，若在此处修建地下通道或天桥，既可保障穿越公路的行人安全，又可提高限速标准，同时也能减轻交警工作负担，促使河南公路的通畅，为省会郑州的大都市建设增光添彩。因此，我建议：在老路限速40千米/小时处，补修地下人行通道或天桥，修好之后，这些路段可提高限速标准（由40千米/小时提高到60千米/小时）；在新公路投资设计时，同时考虑人行地下通道或天桥的规划；增设人性化的提醒标识。如此一来，不仅便民利民，也提升了河南郑州市的形象。

关于“老年医疗保险全省全国通用”提案。随着时间的推移，生育独生子女的老年人逐渐增多，而老年人承受风险能力较低，退休后收入相对稳定，一般情况下不会再有新增收入。但是日常生活及保健医疗等方面的开支会逐年增加。在这些老人中，有些子女在外地工作，当老人需要去外地与子女一起生活时，一旦得了重病，医疗支出将是一笔不小的支出。按照医疗保险的规定却不能在外地使用，这就失去了医疗保险对老人的作用。特别是一些中、低收入者，本就收入微薄，无力给父母看病。这势必会影响这些老人的生活质量和身心健康，也会影响其儿女安心工作。针对这些问题，我建议，有关部门应该想方设法去解决老人面临的这一难题，实行医疗保险全省、全国通用。

关于“治理白色污染”提案。人与自然和谐，是构建和谐社会的重要方面。但随着社会不断发展，塑料袋四处乱飞，白色污染日益严重，不仅污染了生活环境，也影响人民群众的身心健康，进而影响了社会和谐。针对此种状况，我有几点建议：首先，加大宣传，提高全体社会成员抵制白色污染的环保意识；其次，积极开展和推广使用新的可替代产品，如可降解袋、可降解网兜；最后，研究有效回收的方法，鼓励分类回收、分类处理，政府适当给回收人补偿。若能及早解决这个问题，对于建立良好的生活环境，对于增进人民群众的身体健康，对于促进社会和谐发展，都有极大的好处。

鲁迅有一名句“横眉冷对千夫指，俯首甘为孺子牛”，我很赞同下半句，努力去做一个“不用扬鞭自奋蹄”的老黄牛。我的人生观就是，全心全意为人民服务，多为人民做些好事、实事，我会感到无比的欣慰！

六　喜迎香港回归

1996年至1997年，我以河南省政协委员和香港居民代表的身份，在省会郑州多次参加“喜迎香港回归”“庆祝香港回归”活动，兴奋与激动之余，我对祖国更加热爱，增强了责任感，也有了更多的担当。

1996年5月4日，我参加了升达学院与郑州亚细亚公司在郑州二七广场联合举办的“庆五四迎香港回归祖国”大型签名活动。共青团郑州市委领导、升达学院团委李振伟书记、郑州亚细亚公司花艳总经理等出席了仪式。这次活动积聚了广大人民的爱国热情，在社会上产生了一定的影响，郑州电视台等数家新闻媒体予以采访报道。

1997年3月8日，河南省妇联举行“迎香港回归庆祝三八妇女节”大会，我应邀参会并讲话，我感到很荣幸。我讲道：“今天，我们全省的女同胞们在这里聚会，庆祝三八妇女节，具有特殊的意义，因为我们久久期盼回归的香港，很快就要回到祖国的怀抱了，我作为一位香港居民，作为一名省政协委员，我为香港顺利回归而由衷地感到高兴，中国人民终于洗刷了百年屈辱。我们一定要在自己的工作岗位上发挥半边天的作用。我在升达学院工作，坚决贯彻执行党的教育方针，努力把升达办成全国一流的高等学府，为祖国的“四化”，为振兴河南培养更多更好的建设人才！”

1997年6月23日，我代表父亲参加了河南省台湾事务办公室香港回归座谈会。在座谈会上，我做了发言：首先感谢河南省台办为我提供这次机会，让我能转达我父亲对香港回归热烈祝贺的心愿。现在，距离香港回归祖国的大喜日子只剩下7天了。此时此刻我的心情异常高兴和激动。高兴的是，我作为香港居民，很快就可以和香港600多万同胞一起回到祖国怀抱，成为中华人民共和国的公民；激动的是，祖国终于洗雪了百年国耻，中国人民终于从英国人手里收回了香港，这表明祖国的繁荣强大。邓小平先生“一国两制，港人治港”方针即将圆满实现，在这举国欢庆、举世瞩目的时刻，我激动得彻夜难眠。

1997年7月1日，我在升达学院的《校报》上发表了《香港回归随我心愿》的文章。文章写道：随着香港回归祖国的日子临近，我的心和全国人民一样非常激动。我每天都要看一看竖立在校园里的香港回归倒计时牌，心中不时涌起做一个中国人的骄傲和自豪。

香港离开祖国的怀抱已经150多年了，当时，清朝政府腐败无能，在英帝国侵略者的洋枪洋炮面前屈辱求和、丧权割地。从鸦片战争开始的100多年间，帝国主义列强像一群饿狼一样扑向中国，神州大地遍布血腥，中国人民饱受苦难和凌辱。旧社会生灵涂炭、哀鸿遍野的情景，我至今记忆犹新。历史事实反复证明：国家贫弱，就要受人欺辱，落后就要挨打。一百年的屈辱，一百年的血泪，我们永远不能忘记！

今天在中国共产党的领导下，在邓小平改革开放政策指导下，中国一天天强大起来，到处是一片繁荣的景象。邓小平为中国恢复对香港行使主权，提出了“一国两制”的伟大构想，使香港顺利回到祖国的怀抱。别离一个半世纪的香港回家了，这是惊天动地的大事件，全中国欢腾了，全世界在瞩目，海外华人欣喜若狂！

我是1984年移居香港的，我从小在内地长大，对祖国怀有深厚的感情。香港同胞同是炎黄子孙，黄皮肤、黑眼睛，根系相连，血脉相通。香港回归是大势所趋，人心所向。“一国两制，港人治港”方针，一定会使香港保持长期的繁荣与稳定，香港的明天一定会更美好。香港这颗东方明珠，在未来的21世纪，必将发出更加绚烂夺目的光彩。

七　参政议政 商议省会交通堵车问题

在每年的政协会上，我都和委员们一起参加会议，商谈国事，尤其是联系河南省的实际，商谈政治民主、经济建设、文化教育发展以及人民群众普遍关心的社会问题、生活问题。我的发言常常受到关注。

在2011年1月17日的政协会上，省会媒体曾这样报道：

据调查，希望“两会”关注交通拥堵问题的读者数量很多，仅次于房价、物价和收入增长等焦点问题。作为城市病症状之一，交通拥堵正在河南的各大城市中蔓延，如何解决这个棘手的难题，我建议借鉴香港经验。

我说，香港人口600多万，城市面积只有1103平方千米，堪称世界上道路交通密度最高的城市之一，然而堵车却并不严重，更是极少出现路面被“堵死”的情况，这主要得益于香港道路上的车辆比较少。资料显示，香港车辆总数是50多万，平均12人拥有一部汽车。而郑州市的第160万辆车日前已经挂牌，平均4.7人就拥有1辆车。两相对比，我们的交通状况怎能不相形见绌？“香港交通秩序井然，两个最重要的原因就是汽车使用成本太高和公交系统异常发达。”我说，“香港人收入高，但是买车的并不多，就是因为用不起。停车费高，购车要交重税、汽油中有重税。”不购车，工作节奏那么快，他们怎样方便出行呢？王淑芳说：“香港的公共交通服务质量很高，公交出行方便舒适。我家在香港英皇道附近住，小区附近道路非常窄，相比郑州要窄得多，但地铁、大巴、小巴、电车、出租车各种站点非常多，平常去机场开车要一个小时，但坐公交车时间也差不多。”我说，在香港，公共交通出行量占总出行量的90%，全香港近一半的人口居住在环地铁站500米的范围内，几乎所有常去的地方都有地铁到达，而且地铁口就有公交车站。我建议，政府应出台政策，用税收的方式提高自驾车的使用成本，与此同时政府应加大投入，加快公交、地铁等公共交通设施的建设力度，这样有堵有疏才能解决郑州当下交通拥堵问题。

郑州堵车日益严重的这几年，恰恰是城市高速发展的阶段，城市框架不断拉大，市民数量不断增加，但公共交通的发展却并未跟上节奏。新规划的郑东新区入住率虽然不断提高，但公交车线路很少。香港治堵的另一个经验是市民交通素养普遍较高，这是以注重交通素质教育和较为严厉的处罚手段为保障的。目前，郑州不少机动车乱停放，非机动车与机动车抢道、“快慢不分”。因此，面对交通拥堵，不仅市民的交通素养需要补课，职能部门本身也需要补课，人人主动养成自觉遵守交通规则的好习惯。总之，要出台加重私家车使用成本的举措之前，必须有发达的公共交通作保障，在严厉处罚车辆乱停乱放前，必须有科学的城市道路规划为依托，在提供

“开车效率远远低于公交、成本远远高于公交”的“通行性价比”时，大力压缩私家车的数量——这就是香港经验的精髓。

八 感谢各级政协领导的关心与支持

在这十多年中，政协领导、以及政协委员们到升达学院参观访问也好，采访采风也好，考察调研也好，指导工作也好，每每他们到来，总会给学校带来清新的气息，给学校增添奋进的动力。他们对升达的建设发展速度、教学质量、优美环境给予了赞扬；他们对学校的学科建设、科学研究热情指导；他们对学院的前景规划、未来发展建言献策。每一句话、每一条建议饱含诚挚的关怀，暖人心扉。

2001年5月24日，全国政协港澳台侨委员会赴河南调研组一行十人莅临升达学院调研。委员会主任、调研组组长朱训对学院的良好环境、浓郁的学习氛围给予了充分肯定。对父亲爱国爱乡、热爱教育事业的精神表达了敬仰之情，对父亲的特色办学及学校领导及老师的努力给予支持与鼓励。并表示积极向有关部门反映学院的困难，尽力争取得到妥善解决。

2012年1月26日，以陈亚洲主任委员为领队的河南省政协港澳台委员会委员一行十余人莅临升达学院调研指导工作。在座谈会上，委员们对学院的建设、发展给予了充分肯定与热情赞扬，提出加强与学院交流，对学院的发展给予支持。杨力民委员是香港一家从事“旅游规划”企业的老总，他们公司的“中国馆设计方案”在上海世博会上中标；他愿意来升达给学子们传授景观艺术设计的知识，并准备无偿将自己的专著《城市营销战略》赠给学校。张万成委员是香港一家从事“通讯设备”的企业老总，他们的产品畅销欧美。他乐意免费接收升达学子到他们公司实习，给学习国贸专业的学子讲授商业实战例子，讲授企业与世界接轨。何顺文委员是澳门大学副校长，他提出与升达进行校际交往、学术交流……这些激情洋溢的讲话，使学校领导及师生备受鼓舞。

升达学院在最初的建设中，因为是第一家台资在大陆创办的高等院校，其办学理念与中华民族的优秀传统文化紧密结合，学校注重伦理教育、养成教育，注重人才培养、实践教学，具有鲜明的办学特色，在国内产生了积极影响。因此，学院受到了中央与国家领导人及有关部委领导的关注、关心与大力支持，尤其是各级政协领导，更是关爱有加。你们的心与升达紧密相连，你们的手与升达紧紧相握，你们不仅是升达的领导，更是升达最亲密的朋友。升达的历史，饱含着你们的关心和鼓励；升达的每一步成长，都有你们陪伴；升达的每一分进步，都有你们见证。正因为有你们的关心关爱，升达才取得如此多的成就，正因为有你们的帮扶，升达才发展得如此之快、建设得如此之好。你们的视察、指导，都令我们万分感激。

在这里，我要特别感谢河南省政协原主席林英海先生。我对他的印象是工作实事求是、敢作敢为、作风正派。他在升达的建设发展中，给予了特别大的支持。升达的第一届招生以及第二期工程建设，他都为我们解决了一些重大难题。令我钦佩与敬仰，在此我要说感谢您，林英海主席！

第十一章

我的出访与考察活动

早在升达建校初期，父亲就对升达学院提出了发展目标——把升达学院建设成一所“国际化、信息化、公园化”，全国一流的民办大学。我时时在盼望期待着这个目标，时时在思考着实现这个目标，并朝着这个目标开动脑筋、不遗余力地努力工作。

我们赶上了一个新时代，新理念、新思路、新技术突飞猛进，新经验、新方法、新课题层出不穷。我们的教育事业要想更快的进步、更好的发展，必须适应新的形势，必须开拓创新，光靠自己原有的那一套固有的思路、办法是不行的，不能囿于成见。我们必须“走出去、请进来”，善于向别人学习，善于总结别人的经验，敢于走向“前沿”，敢于接近“尖端”，进而开阔我们的眼界，更新我们的思路，填补我们的知识空缺。这样，才能把升达办成人民满意的高校。

按照这种思维，在工作中，我特别注重走出校门学习考察，特别是走出国门，学习其他国家和地区兄弟院校的办学经验。

一　到中国宝岛台湾学习考察

在我协助父亲创建升达、管理升达之后，父亲曾多次给我说，瞅机会让我到中国台湾去看看他办的学校，去考察中国台湾的高校，学习一些别人的办学经验与管理经验。我经常听父亲的朋友、部下称他为“王校长”，也很想知道我的父亲“王校长”创办的学校是什么模样？又是在什么环境中工作、生活的？我一直等待着父亲的安排。

这一天终于到来了。1995年5月上旬，父亲邀请我和当时升达学院的人事处处长张强武先生，一同到台北育达高级商业家事职业学校，参加1995届毕业生毕业校园巡游活动。其间，我们在父亲的带领下，首先认真地走访、考察了台北育达高职，后来，又到“台湾文化大学”、淡江大学、实践设计管理学院、元智工学院、工商专科学校等学校考察学习，受益匪浅，收获颇丰。

当时，台北育达高级商业家事职业学校，不仅在中国台湾的职业高中当中独占鳌头，在亚洲，甚至在全球都小有名气。它的在校学生人数最多时达28000人，是世界上最大的私立职业中学。学校把创办人的办学理念诠释为：伦理——讲求校园伦理、品德教育；创新——校务规划时时创新；品质——重视环境、设备、教学、行政品德；绩效——建立规章制度，透过管理机制，以提升办学绩效。学校还因应社会变迁、职场人力需求变化，随时适度调整类科。不仅设有普通高中部、高职部，还设有商业经营科、资料处理科、多媒体设计科、广告设计科、幼儿保育科、应用外语英文组、应用外语日文组、餐饮管理科、观光事业科、时尚模特科、时尚造型科、表演艺术科等，各个专业均具特色。其中，他们普通高中部的教学特色为：强化外语能力，奠定学生学术研究基础，以进入理想大学为目标。

另外，在台北育达高职参访，我还注意到该校非常注重与世界各国学校之间的交往与交流，先后与美国、韩国、日本及东南亚等四五十个国家的学校建立有“姊妹校”关系，他们加强交流往来，互相传授教育教学经验，使自己的人才培养质量不断提高。

二 到香港大学、香港中文大学学习考察

从1984年到1993年，我在香港居住了近10年光景。我知道，在二十世纪七八十年代，中国香港、台湾、韩国、新加坡，被称之为东南亚“四小龙”。它们的科技、经济在亚洲比较超前，当然，教育也是比较先进的。父亲在香港教育界朋友很多，在我的要求下，在父亲的引荐下，20世纪90年代中期，我分别到过香港大学、香港中文大学学习考察。2009年前后，父亲邀请升达学院资深员工、老教师到港澳参访，我又陪同大家走进香港大学。的确，香港大学有许多可学之处、可取之处。

香港大学成立于1910年，是一所国际化的公立研究型大学，是亚洲最具名望的大学之一，有亚洲“常春藤”之称，是香港历史最悠久的高等教育机构。1948年以后，学校秩序重建与结构转型并举，步入高速发展的黄金时期。截至2017年，香港大学有10所学院，以英语为教学语言。它在经济、金融、会计、生物医学、牙医、教育学、人文学科、法学、语言学、政治学与社会科学等领域展现出较强的科研实力。在香港大学，到处充满着浓郁的文化气息与人文特色。这些可以通过图书馆、科技馆、学校大门，甚至某主题雕塑等表现出来。从中山广场、月明泉，再到以知名人士命名的各种建筑群，处处给人一种奋发向上的感染力。特别引人注目的是，在校园内建立的中山广场中的荷花池边矗立孙中山先生的雕塑，人们到此不由驻足去感受孙中山先生的成长历程及伟大功绩。对比香港大学，联想到我们升达学院，同样具有浓郁的人文气息。我衷心祝福升达再创辉煌。

香港中文大学是一所以“中国研究”“生物医学科学”“信息科学”“经济与金融”“地球信息与地球科学”等为重点研究领域的

公立研究型综合大学，并在这些领域堪称世界级学术重镇。该大学1966年在香港成立首所研究院。在20世纪70年代，该校在香港掀起的“中文运动”，成功终结了英语垄断官方语言地位的局面，具有一定的时代意义。1998年，该校率全港之先录取内地本科生。学校先后聚集了钱穆、杨汝梅、林语堂、胡秀英、刘殿爵、饶宗颐、高锟、杨振宁、莫里斯等一大批学术巨匠，培养了以数学家丘成桐、银行家郑海泉等为代表的各界杰出人才。这里，我为香港中文大学点赞！

三　赴韩国庆熙大学等高校考察学习

1995年9月，升达学院与韩国庆熙大学缔结为“姊妹校”。1996年5月，受韩国庆熙大学学园长赵永植博士之邀请，我和巩义市领导等一行6人飞往韩国，到庆熙大学参观访问。走进美丽的校园，花木茂盛，绿意盎然，从山坡到谷底，到处是层层叠叠的树木，一座座辉煌的黉宫，若隐若现地掩映在绿树丛中。这个学校给我的第一印象就是干净漂亮。我想，一所知名的大学应给学子们创造良好的学习环境，这是办学人必须想到办到的。庆熙大学的校本部下设4个学院：医学院、艺术学院、体育学院、文学院等。这几个学院都各具特色，培养了许多优秀人才。我想，升达要向庆熙学习，多办有特色的专业，才更有发展前景。令我更为惊喜的是，庆熙大学设有国际和平福祉大学院，该大学院是为国家培养高级干部，招收的学生都是研究生，有干部管理系、和平保安系、国际金融系、东北亚洲研究系、政策系。这是升达学院所不能企及的，我们一定要朝着这个方向努力。

▲ 我考察学习的照片

1997年4月，我陪父亲赴韩国清州大学，接受该校授予父亲经营学名誉博士学位仪式期间，有幸考察了清州大学。清州大学是一所综合性大学，以商学院为基础，后逐步设置了人文、社会、基础科学、咨询工艺、艺术、体育等众多学院，被韩国著名媒体评为全韩排名前20名的著名大学。该校开展广泛的国际交流，已与中国、美国、英国、日本、法国、德国等12个国家的27所大学建立了姊妹校际关系，给我留下了深刻印象。

2010年应韩国愚岩学园的邀请，我和升达学院外事办主任顿雁峰赴韩参加该学园建校60周年庆典活动。其间，参观考察了该学园的全南科学大学。这是一所专科院校，建校不到20年，却创新性地取得了和韩国国防部合作的机会，培养国防部需要的技术士官。这个项目位于先前的一个军事基地，实习教室内陈列有各式坦克车。全南科学大学的另一个特色专业是汽车修理，培养的是高级技工。韩国所有汽车生产厂商均会在第一时间把自己最新的研发车型送给该校作为教材。

总之，在韩国学习考察，我了解到，就是在这么一个狭小的国度里，却有400多所高校，其中80%为民办高校，在校生占高校总人数的70%。民办高校非常注重应用能力和实务操作能力的培养，为韩国教育走向全面成熟做出了重要贡献。这方面值得我们学习借鉴。

四 赴日本亚细亚大学考察学习

1996年，我有机会赴日本亚细亚大学考察学习。日本亚细亚大学是我父亲于20世纪60年代就读的大学。那个时期，父亲在中国台湾办学已经小有成就，校务繁忙，没有时间去深造，他就利用几个暑假，到亚细亚大学读完了全部大学本科的课程，又通过严格的考试和论文答辩，获得该校经济学学士证书。父亲经常给我讲他在亚细亚大学就读的情况，业余时间积极开展文化交流活动，学校如何如何之好，他还成为亚细亚大学最受欢迎的校友等。因此，我也十分向往。

参观考察之后，我了解到亚细亚大学是日本一所私立大学，建立于1941年，1950年开设大学教育。大学的简称为“亚大”。亚细亚大学设有经营学部、经济学部、法学部、国际关系学部，开设如经营学科、经济学科、法律学科、国际关系学科，大学院设有经营学研究科、经济学研究科、法学研究科、亚洲国际经营战略研究科，本科开设如经营学专业、经济学专业、法律学专业、亚洲国际经营战略专业。专科开设经营学和现代城市商务学。亚细亚大学的目标是培养活跃在亚洲以及世界舞台的，为日本和世界架起桥梁的人才。目前，亚细亚大学在全球高校网（4ICU）高校排名为第91位。专科本科硕士博士均招收外国留学生。

科学理论、科学技术、教育理论，不分国界，都是相通的。升达学院和日本亚细亚大学都是财经类高校，有许多共同之处，该校的办学理念以及先进的教学方法都值得升达效仿，值得我好好研究学习。

五　赴上海复旦大学考察学习

原上海市政协副主席、上海市教育局局长、复旦大学校长王生洪，是我父亲的老朋友。当年，升达与复旦两校关系很好，升达学院20周年校庆，王校长还发来贺信。1996年4月，复旦大学人才资源开发交流中心主任袁亚民一行3人来升达传经送宝。3位嘉宾参观了我校各项设施，对升达的基础学科、人才软环境建设、学校管理等工作给予了指导。之后，复旦大学首席教授施伯乐也来学校指导计算机教学，我的父亲还诚聘施伯乐为升达学院客座教授。

1997年，我赴上海复旦大学考察学习。复旦大学领导得知我是中国台湾著名教育家王广亚的女儿，是郑州升达经贸管理学院董事会董事，给予了高规格接待；校领导陪我参观校园，参观学校重点学科实验室，与我亲切交谈，还对升达学院的建设发展提出了许多建设性的意见。

复旦大学是一所世界知名、国内顶尖的全国重点大学。学校创建于1905年，原名复旦公学，1917年定名为复旦大学，是中国人自主创办的第一所高等院校，创始人为中国近代知名教育家马相伯，首任校董为国父孙中山。校名“复旦”二字出自《尚书大传》

名句“日月光华，旦复旦兮”，意为自强不息，寄托着当时中国知识分子自主办学、教育强国的希望。1937年抗战爆发后，学校内迁重庆北碚，并于1941年改为“国立”；1946年迁回上海江湾原址；1952年全国高等学校院系调整后，复旦大学成为以文理科为基础的综合性大学。

在复旦考察学习期间，给我留下最深刻的印象是复旦的校训“博学而笃志，切问而近思”；复旦的校风“文明、健康、团结、奋发”；复旦的学风“刻苦、严谨、求实、创新”；复旦的精神“爱国奉献、学术独立、海纳百川、追求卓越”。学校要求师生谨记校训，严守校风，力行学风，发扬精神，以服务国家为己任，以培养人才为根本，以改革开放为动力，为实现中国现代化作出新贡献。

六 赴南京大学、南京师范大学考察学习

我幼年5至7岁期间曾在南京度过。虽然时间只有两三年，但那时父亲在这里工作，叔叔在这里读书，因此，南京给我留下了深刻的印象，每每提及这个城市我就感到很亲切、很惬意。尤其是在我走上教育工作岗位之后，也很期待到这个城市的大学去看看。于是在1998年我到南京大学和南京师范大学考察学习。

南京大学是一所综合性的全国重点大学，是历史悠久、声誉卓著的百年名校。1949年由民国时期中国最高学府“国立中央大学”改名为“国立南京大学”，1950年称“南京大学”并沿用至今。1920年在中国国立高等学府中首开“女禁”，引领男女同校之风。最早在中国开展现代学术研究，建立中国最早的现代科学研究

实验室，成为中国第一所以大学自治、学术自由、文理为基本兼有农工商等专门应用科、集教学和研究于一体的现代大学，被国际上誉为“东方教育的中心”“中国科学社的大本营和科学发展的主要基地”，赢得社会“中国最温和的大学”之美誉。

南京师范大学由江苏省人民政府和国家教育部共建，是中国高等师范教育的发祥地之一。学校主源可追溯到1902年创办的三江师范学堂；另一源头为1888年创办的汇文书院，后发展为私立金陵大学，1952年全国高校院系调整，以原南京大学、金陵大学等有关院系为基础，在原金陵女子大学校址组建南京师范学院。1984年更名为南京师范大学。

南京师范大学对我启发最大的就是该校对研究生的培养，仅硕士研究生点就有37个，在校研究生达11000多人。升达的未来急需向高层次的教育方向发展，这正是升达努力的目标。

七　赴厦门集美大学考察学习

之前的多次考察、学习，让我眼界大开，每次考察回来，让我了解了在学科建设、师资建设、校园建设以及学生管理等方面的经验和方法，使我对协助父亲办好升达充满了信心。在工作中孕育出许多新的理念、新的思路、新的工作方法，使升达也在快速地发展、不断地进步。

中国台湾与福建隔海相望，福建有许多中国台湾企业，两地的经济、文化、教育、人才等交流也十分频繁。我经常听父亲讲，他的学子（指“台湾育达”毕业的学生），有不少人在福建发展，而且很有起色。

2000年前后，父亲到福建看望慰问他的弟子，我有机会随他到集美大学参访。我知道，集美大学是陈嘉庚先生创建的。截至2017年，集美大学占地面积2300多亩，校舍面积近100万平方米，设21个学院69个本科专业；有专任教师1500多人，在校生27000余人，其中本科生26000余人、各类研究生1200余人。

陈嘉庚先生是我非常崇拜的教育家。他还创建了厦门大学，是著名的爱国华侨领袖、企业家、慈善家、社会活动家，曾任全国政协副主席、全国人大常务委员会委员、中华全国归国华侨联合会主席等职，曾被毛泽东称誉为“华侨旗帜、民族光辉”，一生为辛亥革命、民族教育、抗日战争、解放战争、新中国的建设作出了卓越的贡献。在工作中，我曾暗下决心，以陈先生为楷模，秉承父亲的教育理念，为祖国的教育事业而努力奉献！

八　赴四川师范大学成都学院参访考察

2011年10月，应四川师范大学成都学院董事长王六章之盛邀，我赴成都参加该校建校10周年庆典活动。期间，与王六章董事长进行了亲切交谈，听她介绍了成都学院的概况以及办学特色与学校近年来取得的成绩。在校领导的陪同下，我还比较全面地参观考察了这所学校，给我留下深刻印象，很受启发。

四川师范大学成都学院，其前身是2001年成立的四川师范大学电子信息工程学院，2004年经教育部批准设立为独立学院四川师范大学成都学院。2015年4月经教育部批准转设为四川工商学院。学校下设11个二级学院，设有64个本专科专业，其中本科专业32个，涵盖经、管、工、文、教、法、艺7个学科领域。2018

年有在校生2万余人。

学校秉承“明德、博学、求实、创新”的校训，坚持“立德树人、知行合一”的办学思想，以学生为主体，以就业创业为导向，以服务地方经济建设和社会发展为宗旨，以培养实践动手能力强，具有创新创业能力、就业能力和社会服务能力的应用型、技术技能型人才为目标，实行“3+1”应用型人才培养模式，服务四川地方经济建设和社会发展。经过多年办学探索和实践，学校形成了独具特色的教育教学理念，建立了唯才是举的用人机制、专家治学的治学机制、德才并重的评价机制、创优争先的激励机制、终身学习的成长机制以及共同创享的可持续发展机制等六大创新机制。近几年，学校在教学、科研、校企合作、培养研究生等方面都取得了丰硕的成果。

考察之后，该校大力推进“求实发展”战略，以人才培养为根本，以促进地方经济建设为己任，全面培养学生实践创造力、技艺竞争力、服务影响力的办学理念、办学实践，令我耳目一新、振奋不已，大大地增添了我协助父亲与全校师生凝心聚力办好升达的信心。

九　赴西安外事学院、翻译学院调研考察

为了让升达的英语教学更上一层楼，学校邀请时任全国高等师范院校外语协作组副组长、河南省高校外语教学委员会副主任、河南省高校外语教学委员会专科英语专业分会会长、新乡学院副院长、兼任河南师范大学外语学院英语教育专业硕士导师郭爱先教授前来指导。之后，在我的带领下，郭爱先教授、外语学院的崔瑾

英、公外部的王书芳老师，我们一行4人赴西安外事学院、翻译学院学习考察。

首站来到西安外事学院，受到该校黄董事长等领导的热情接待。我们在该学院听取了黄董事长的学校概况介绍，参观了他们的校史馆，又与学校教务处、人事处、科研处的主管领导在师资力量、英语教学、课题研究等方面进行了广泛的交流座谈，感触颇深，对我们加强英语教学大有帮助。

之后，我们来到西安翻译学院。这是一所以文、商科为主，以外语为特色，多学科协调发展，具有重要影响和鲜明特色的高水平民办大学。学校前身是创建于1987年的西安翻译培训学院。2000年经陕西省人民政府批准成立西安翻译职业学院。2005年经教育部批准升格为本科高校，更名为西安翻译学院。2009年获得学士学位授予权。我们了解到，该校下设11个二级学院、2个教学部和公共艺术教育中心。开设本科专业36个，专科专业24个，涵盖文、经、管、工、艺、法、教育、医学等8大学科门类。有省级一流专业5个，省级专业综合改革试点项目5个，省级重点、特色专业、重点扶持专业10个，省级精品资源共享课15门，省级人才培养模式创新实验区6个，省级实验教学示范中心4个。

西安翻译学院的英语教学水平很高，不管什么专业，对英语课都非常重视。学校的“晨读”更具特色。清早，校园的大树下、小路旁、房前屋后，到处都是练口语、背英语单词的学生。我们在校领导陪同下，参观了校史馆、旅游实验室、翻译实验室，新建立的电视转播站，所到之处受到该校师生的热烈欢迎。

返回郑州后，我们撰写了考察汇报。为了加强升达学院英语教学的建设发展，我们还撰写了《有关组建新外语学院学科设置的初步想法》。

第十二章

怀念亲人

对亲人的思念，是人们一种最真挚的情感。在社会上，人人都有家庭，人人都有亲人。亲人，不仅把我们带到了这个世界，还是我们的老师、我们的榜样。在我们的血管里流着他们的血，在我们的脑海里装着他们的精神，在我们的机体里聚集着他们意志、毅力。因此，我认为生前，我们要孝敬亲人、关爱亲人，感恩亲人；故去，我们要思念亲人、缅怀亲人。

前面我已经讲过，我出生在一个大动荡、大变革的年代，我的家庭和我所接触到的我的亲人：曾祖母、祖父母、父亲、母亲、叔叔、姑姑等，都经受过艰难困苦的考验，他们是社会的强者，他们在大风大浪中拼搏奋斗的精神，他们遭受打击时的坚强意志与博大胸怀，都影响了我的人生。

一　回忆我的祖母刘兰

我的祖母刘兰天性善良。她18岁时嫁至王家，勇于任事，谦于待人，勤于接物，常以助人为乐。祖母孝敬公婆，日忙三餐，夜事纺织。偶遇荒年，她助祖父布施济贫。家中只要遇到困境，她总以任劳任怨为荣，亲朋乡邻皆赞其德。

我们家曾祖以上两代皆单传。曾祖父有7个子女，只有祖父为男丁。曾祖父早逝，祖父年仅20岁便继承家业，与祖母共同支撑门户。家有土地160亩，是王氏首户。

祖母育有二男三女。两个男孩皆聪慧，便是我的父亲与我的叔叔。祖父母希望两个儿子光大门楣，从小送他们到外乡读书。开封、南阳、洛阳、南京等地都是我父亲与叔叔先后读过书的地方，尤其是南京，为我童年的故乡。1947年8月，当时我6岁，正值解放战争，在战火将要烧到南京时，父亲担心我和母亲的安全，就让我母亲带着我返回河南老家。没过多久，父亲和叔叔即先后离开南京去了中国台湾，没想到他们一走，竟长达38年。

▲　母亲与祖母

1955年秋，我考取了河南巩县二中。祖母及母亲为我筹措学费，披星戴月往返山路去石河道里砸石子。

我祖母的一生历经千辛万苦，非常人所能忍受，而她却予以忍受，顽强地挺了过来。家人崇敬祖母，与其爱心和坚强密切相关。她在失去丈夫和孩子的人生中，含辛茹苦，忍辱负重担起家庭重担。可以说祖母的坚毅对我影响至今。我将铭记祖母并将她的坚毅、爱心告诉晚辈，子子孙孙传承下去。

二　永怀慈恩——纪念母亲逝世三周年

我的母亲叫张坤俊，生于河南巩义琉璃庙沟村。外祖父名松山，曾在北平大学深造。回归故里后以教育为业，我父亲幼时为其门生。母亲常说张氏先祖家有举人功名，可称书香门第。清末因从事矿业采煤致富，遂有县内四大富户之称。

▲ 母亲张坤俊照

我母亲天生聪慧，自幼熟读诗书并临摹名帖，能书善画，家里过年时的对联多出于其手。母亲12岁时跟外祖母习针线学刺绣；15岁就能自画自剪自做绣鞋与衣服，且式样翻新。母亲17岁嫁至王家，因勤恳手巧，凡邻里亲朋娶嫁生育等所需针线活儿均乐于相助。所以在乡里口碑极好。

母亲婚后生了我和妹妹二人，后随父亲到南京生活，住在明阳街25号。父虽为公务员但薪水微薄，除抚养家里4人外，另供叔父读书，家中又常有来南京找工作的叔伯，但母亲并没因家中来人而烦恼，遇生活艰难，将娘家陪送的饰物变卖补贴度日。回想当时每逢假日，家里才能做一次北方人爱吃的韭菜水饺。平时家中也只有馒头、面条、青菜充饥。一次我三姨丈请客，我随母亲前去，席间一盘板鸭几乎全被我吞食，母亲无奈只得白眼瞪我。1947年因时局混乱，返回老家又与父亲失去联系，侍候王家老少五代，称得上是王家的大功臣。

“三年自然灾害”时期，全家只好用糠、柿皮、野菜充饥，然而，在那生不如死的痛苦岁月中，在那日日夜夜思念亲人的痛苦中，为了家庭生活她还要捡煤屑、挖野菜、砸石子，又要参加修水库、炼钢铁、修道路、挖厕所等。曾是一位富家千金的母亲，竟然落入如此境地并能一一扛过。

苍天不负有心人。1981年，终于苦尽甘来喜从天降，母亲34年的苦难岁月总算结束，她盼到了和我父亲团聚的日子。当她在香港见到我的父亲时，内心的爱与恨、喜与悲一起涌上心头。她向父亲滔滔不绝地述说着她的艰难，述说着她的思念。我的父亲只是静静倾听。父亲为之常常感到内疚，认为对不起母亲。父亲当即表示尽一切能力补偿母亲，将其移居香港，让母亲安度晚年尽享清福。

然而，母亲在港只居住了短暂的7年时光，其中，五六年都在病中度过，于1989年农历正月初三与世永别，享年70岁。母亲过早去世的原因有二：其一，我父在台事务繁忙，每年来港时间有限，我母亲在物质上虽然得到满足，但在精神上仍然空虚，加上孩子们上班、孙子们上学，她独居家中，无人说话陪伴，孤独之感日增；其二，语言不通使她无法和本地人沟通，邻居互不认识，亲朋好友又远在家乡，无形中给她增添了郁闷，每日寂寞无聊。另外，我母亲到香港后，虽脱离了以往的痛苦环境，然劫后余生心力交瘁积劳成疾，精神体力均未能恢复，也是过早离开我们的原因之一。

亲爱的母亲，在您离开我们这3年悲伤的日子里，我无时无刻不在想念您，每当走进家门抬眼看着您慈祥的遗像，我就泪如泉涌夺眶而出；深夜又时常梦到你的痛苦经历叫我担惊受怕、肝肠寸断。过往之境仍历历在目犹如昨天。您那苦守寒窑34个寒暑，您那受尽苦难与折磨的人生，您那勤劳奋斗，您那忍辱负重，您那鞠躬尽瘁，让您一生唯一的女儿我说不尽写不完。今思母亲恩德，我伤心欲绝，在此我再次祝福您在九泉之下安息吧，亲爱的母亲！

——在母亲遗骨迁回故土安葬仪式上的悼词

娘，我的亲娘，按照您的遗愿，今天终于把您接回来了，接到了您为王家奋力苦拼的地方——海上桥村。您看看，有多少亲朋好友、父老乡亲在热切地盼望您、欢迎您。因为您是王家的功臣、是我最可敬可爱的母亲。

娘，您嫁到王家不久时逢解放，我爷离开人世、我父我叔毫无音信。在那极“左”思潮泛滥的年代，您这个大家闺秀、千金小姐、王家娇媳，20多岁的您，在一夜之间就沦为社会最底层的人。凄凉、痛苦、彷徨、绝望，甚至死亡，不时向您袭来。当时，您是多么希望父亲在您身边啊！可哪能呢？您只有看着我八旬的老奶、看着我体弱多病的奶奶、看着仅七八岁的我直发呆。每当夜深人静时，您就紧紧地抱住我痛哭。我用小手摸着您满是泪痕的脸，轻声地哭着央求您：娘，别哭，别哭……不知哭了多少次，终于有一天，您以无畏之势喊出“我宁愿吃尽人间苦，也要保住王家的老和小！”这一喊，喊出了您又当男人、又当女人的不易，喊出了您在王家承担“顶梁柱”的气概。

娘，我的亲娘，您为王家忙春种、忙三夏、忙秋种、忙秋收，直忙得天昏地暗。您为王家披星戴月，跑到大峪沟煤矿捡煤，然后担到站街去叫卖；您为王家，跑到青河边仓西村拾菜叶、备冬菜，经常上山坡挖野菜充饥；您为了王家，磨破脚、跑肿腿，去远离海上桥二十余里外的石河道砸石子……这一切、这一切的一切，至今，我记忆犹新。

娘，我的亲娘，您太苦了，我忘不了您忍受了常人不能忍受之苦，忘不了本应男人干的苦力活您也干了。至今很多不堪回首的往事，我还历历在目。我清楚地记得，一日我陪您当差送信的情景。那是个阴雨天，只恨老天无眼，当咱俩相扶爬到陡坡窄道、快到山顶时，狂风四起大雨倾盆，路滑得咱俩倒下再起来再倒，我险些摔进深沟。这时，您只好在如履薄冰的泥滑路上死死地抓住我的手，挪一步，艰难爬行。泪干了、雨小了，咱们爬上山顶，俩人浑身是泥全身湿透，我不禁打战。然后又行数里来到村干部门口，谁知突然一只恶狗扑来，您用尽全力护住我，生怕伤着我，好在好人相助，打跑那只狗，咱俩才幸免狗咬之灾。还有一次，生产队派您到大黄冶给生产队弹棉花。不知何故棉花突冒火星着起火来。虽没酿成大祸，您却落了个有意破坏的罪名，于是您被捆绑、体罚、批斗，被折磨得死去活来。但您却为王家的老和小，默默地忍受着。

娘，我的亲娘，在咱家生活极端困难、困难到吃了上顿没下顿的时候，困难到我祖母带我去要饭的时候，困难到您倍受折磨、饿着肚子不停干活的时候，您还积攒点小钱买来烧饼让我年迈的老奶吃。您含着热泪为被批斗吊绑而腿肿脚胀的祖母深夜洗脚消肿，您忍着痛苦为因吃糠咽菜解不下大手而痛苦至极的祖母抠掏大便……娘，我的亲娘，还是您，在1960年极端缺少粮食的灾荒年代，我祖母想让您多吃，可您却常以野菜充饥，甚至以水当饭，让我和强弟吃饱。到头来却落得我祖母饿死、您浑身浮肿。在我祖母停丧时，你捶胸顿足失声痛哭，仍痛心自责地告诉我父亲说："万林呀万林，我对不住你！因为我没能养活你的母亲！"而后，您重孝在身、挨家挨户跪拜求助，直跪得腿肿膝破，在乡亲的帮助下您肩扛丧杖、泣不成声，代我父我叔送走了我苦命的祖母。

娘，我的亲娘，您在人格受辱、忍气吞声的岁月里，您没忘记用您的巧手给出嫁的姐妹做嫁衣和绣花鞋、为刚出生的宝宝做斗篷和花帽；您没有忘记逢年过节给左邻右舍写对联……总之，您没有忘记海上桥的父老乡亲。娘，此时，我还能说什么呢？我只想说："若有来世，我还当您的女儿！"

幸喜到了1981年，三十多年漫长、痛苦悲惨、度日如年的岁月过去了，我父亲终于又回到您的身边。刹那间，您悲喜交集，把一肚子苦水全倒完。父亲怀着歉疚倾听着您的诉说，悲痛地说不出话来……父亲几经哽咽之后，恳切地说："坤俊，我因有你而自豪，我欠你的实在太多太多了！"他安慰着母亲的情绪，并表示想尽一切办法补偿于您。从此，您又过上了幸福的生活。可是好景不长，您因积劳悲伤成疾，病魔缠身。之后，您与病魔顽强抗争，但最终因久病体弱，被病魔夺去了生命。我苦命的亲娘，老天为啥不睁眼？世道为啥不公正？好人为啥不长寿？

娘，您走后不久，适逢改革开放，父亲为回报乡梓在郑州和巩义两地办了升达学院和成功学院，您的儿孙都在那里工作。特别是成功学院与海上桥紧紧相邻，您可以天天保佑成功学院成长，您的子孙们可以天天向您施礼祭拜。娘，我的亲娘，您放心，您的一切的一切已在人们的心灵深处竖起了丰碑，那就是：您那妇德光辉万丈，您那母仪万古千秋！亲娘呀亲娘，请您相信：您用生命换来的子女，定会像您一样，拼命奋斗，振兴家业！也请您相信：在您的保佑下，父亲在海峡两岸创办的教育事业，定会永放异彩、光照后人！

娘，我的亲娘，您安息吧！您的大女儿，代表弟弟、堂弟、堂妹及其全家人向您叩首泣悼。

三　永恒的怀念——我的叔父王万兴

1984年2月16日，是我叔父王万兴逝世纪念日，虽然已过去17度春秋，但叔父对我的关爱，仍历历在目难以忘怀，每每想起他我都潸然泪下。

家住南京时，父亲经济收入不高，一直供叔父上学。因父亲工作繁忙，没有时间陪我玩耍，叔父除上学外便成了我的玩伴。我最后见到叔父是他从南京送我母亲和我与妹妹返回河南老家的1947年。当叔父向我们告别时，我泣不成声。从此，我与叔父再无音讯。时间跨过33年，1980年，我在新疆收到了我叔父从美国寄来的信，拆信时的激动心情难以言表，看信时如同做梦。我模糊的双眼，尽力逐字逐句地读着这天上掉下来的信和随信寄来的全家福，使我不由得大叫：“叔父回来了！”连我熟睡的孩子，也被我的叫声惊醒。

一连几天我反反复复展读叔父的来信，看叔父寄来的照片，看着看着我仿佛又回到了我和叔父相处的幸福童年。一件件与叔父相处的往事清晰地浮现在眼前：我仿佛听到母亲又在说，你出生后由于你叔太疼你，我叫你称他叔爹。你还没满月，你叔爹每天就要看你数遍、抱你多次。甚至把你偷偷逗醒抱到房外。当你奶奶从他怀里要回你，且警告他“孩子没满月不准外抱”之后，他才依依不舍地离去。由于你叔每天不时地望你，故全家人都叫你“望望”。

那个时候，叔爹在南京上中学，他放学回到家的第一句话就是：“书望（我的乳名）在哪里？”若我不在家，他就像丢了魂似的，按照我妈说的去处寻找。我在叔爹眼里是玩伴、是宝贝。我生性刚强，但我对叔爹则常常撒娇。我四五岁了，上山下坡还要骑在叔爹的脖子上。由于我虽小而且特别能说善辩，叔爹高兴地叫我“常有理”，在我心里，我与叔爹几乎是形影不离。

叔爹还是我的启蒙老师。我三四岁时，他就教我唱“月婆婆，明光光，闩住大门洗衣裳，洗得净，捶得光，件件衣裳真漂亮”。还教我背唐诗“锄禾日当午，汗滴禾下土，谁知盘中餐，粒粒皆辛苦”“春眠不觉晓，处处闻啼鸟……”每当我背会一首诗时，叔爹就高高地伸出大拇指，总使我骄傲地对他一笑。

叔爹对我也是严厉的。有一次，我上街迷了路，直到天黑才回家。当母亲正痛骂我回家晚时，叔爹找我也焦急万分地回到家。母亲一方面埋怨我叔爹把我惯坏了，另一方面要叔爹好好管教我，我心中暗喜，跟着叔爹轻快地走进他的房间。万万没想到叔爹闩上门疾言厉色地说：“跪下！”这下才使我猛醒。但娇惯的我哪肯下跪，我一怒之下顶上嘴去。气红脸的叔爹伸手就打，痛得我直叫母亲。真是打在我身上，疼在叔爹心里。叔爹连忙把我抱起说：“你答应我以后不再乱跑了。”我哭着小声说：“不乱跑了。”他用力搂住我，和蔼地说：“好闺女，叔爹相信你！”从此，我再也不随便外出了。

我上学前班了，叔爹更是喜出望外。他教我读书、写字，教我背乘法表，还给我批改作业。说来也怪，随着我年龄的增长，我越发想念叔爹。所以，在我给叔爹的第一封回信里，就有：“我想死您了，叔爹！”从此，我在给叔爹的多次回信里，都有请求叔爹回家看看的字样。叔爹在一封回信里写道：“树欲静，而风不止。”接着又反问我道：“你离家十几年了，为啥不返乡探望你母亲呢？”这下可勾起我辛酸的往事，我一口气写完一封长信倾诉家中实情。信发出两个月后，我接到叔爹回信。信中说他见信后心碎肝裂，泪如雨降。信转给我父亲后兄弟俩抱头痛哭，深感不孝。兄弟俩商定，在台北善尊寺追悼祭奠我祖父母略表孝心，并托孟庆瑞舅父寄给我200美元。

后来，叔爹为我办理去香港的手续，花费了很多心血。天有不测风云，我亲爱的叔爹，没能等到和我见面就去世了，这是我后来才知道的。那时我已到香港和父亲团聚了，父亲因为工作忙，很快就回中国台湾了。父亲走后我对妈说，忘了问父亲叔爹何时来香港。母亲答道：“你叔今日很忙，没法来。你婶母过两天来看你。”我急切地期盼着婶母的到来。无意之中，我在《育达周刊》上，见到“已故王公万兴先生”的报道，立刻心神不定，可又暗示自己“世界之大，重名甚多”。但又放心不下，拿着报纸去问正在做饭的母亲。母亲悲伤地说：“你知道了就不瞒你了，你叔父在美国遭车祸去世了。”顿时我呼天抢地失声痛哭，我母亲也悲哀万分。我们当即跪下，向西方给叔爹叩头。

我父亲在我叔爹“王万兴纪念册”里写道：“至大至刚，有为有守，任劳任怨，自立自强。”这正是叔爹伟大人格的真实写照。父亲和叔爹一个创业有术，一个守成有方，两人相得益彰，也正是兄弟二人铸业大成之妙方所在。父亲创建育达后，叔爹制定规章废寝忘食，历时3年编出十大类巨细有法有据的制度，使育达按章行事有效速达才有了今天。

叔爹去世了，后来在极其悲伤中我见到了婶母。我细细打量她，突然发现，我叔爹的形象就在我婶母身上。她以温和的语气对我说：“好淑芳，想开点，人死不能复生。”在以后我和婶母相处的日子里，我深深感到她待长者以孝，待同辈以诚，扶晚辈以慈。我妈患胃癌后，她经常从美国来电话询问我妈的病情。得知我妈住院的第二天，她就从美国飞到香港守在我妈的身边。由于我婶母对我妈太好，不少病友还闹出我婶是我母亲女儿的大笑话。

母亲临终前，拉住我的手说：“望啊，你今生今世不能忘记你叔爹和你婶母。你答应我，不然我九泉之下，也不安心。”我含泪点头。因此，我对叔爹、婶母永恒的爱，一直铭记在心里。

四　奉父之命陪同老姑奶游三峡

“两岸猿声啼不住，轻舟已过万重山。”长江三峡是中国乃至世界游人为之倾倒的旅游胜地。2001年5月5日，我奉父命陪同92岁的老姑奶前去游三峡，这是我第6次陪老姑奶旅游了。

凌晨5点，大家还在睡梦中，导游小姐便喊道：“巫山到了！

请游客起床。”我正在揉眼睛，只听老姑奶对我说：“淑芳快看，灯山！灯山！”我睁眼望去，上上下下一片灯火在晨雾中尽放异彩，的确好似一座灯山。船慢慢靠岸，好一座灯火辉煌的巫山啊，好像灯山笑着向我们走来，在欢迎我们这些游客。

上岸稍加休息，吃罢早饭已是早上8点。导游带领我们来到通往小三峡的长江岸边。我惊奇地叫老姑奶快看江边奇观，顺着我手指的方向，沿江边摆放的轻便游船，一只挨着一只连成一大片，一眼望不到尽头，像龙争虎斗的赛艇，像万箭齐发的利箭，你挤我扛地摆出了壮观的阵势。游客的笑声、船老板的呼喊声、小贩们的叫卖声，交织在一起，一个好繁华、好热闹的江边集市。

我扶老姑奶上船刚坐好，游船便离岸前行了。不一会儿，导游小姐微笑着指着对面的一座大山道：“请问诸位，你们看它像什么？”全船游人的眼睛全盯上去。只见那山，工字挺立，两人保驾，啊！好大的“巫”字。导游说：“这就是巫山的由来。”我正凝视巫山的壮观，导游小姐的“龙门峡”三个字，却把老姑奶的视线引向前方。“淑芳，那样窄的山缝船能过去吗？”老姑奶问。我转过脸来，只见龙门峡两山对峙，航道狭窄，江水湍急，让人望而生畏。再看那耸入云端的山峰，层峦叠嶂、几乎倾倒。“望：看那飞驾在一线天上的人工桥，真是令人惊叹。”导游这时说：“这高桥是位女工程师设计的。”我听后肃然为这位女工程师的技艺起敬。导游又把手指向悬崖绝壁上间隔三尺、十公分见方、深约半尺的方孔说：“这就是栈道。”老姑奶不解，我告诉她：“栈道——悬壁上两排小方洞。”忽然，一个小孩喊道：“猴子！”我顺眼一看，只见那苍松翠柏、碧竹野花之中，大小猴子前呼后拥正在嬉戏好不热闹。原来这是猴子的家！

游船忽然颠簸起来。“望，快扶我！”老姑奶喊道。我双手扶住她的腰说："别怕！"顷刻，我的背也死死地压在椅背上。哎呀！船立起来了，我的心一下子提到了嗓子眼儿。嘴里不由得说："老天保佑！"我强定下神，只见那江水像一条巨龙，居高临下迎面扑来，把游船拍打得咔吧咔吧作响，好像要挡住船的去路；而船盯住江水，避开浪头，奋力前进，经过好一阵子的中流击水、浪遏飞舟，游船终于平安无事了。导游小姐说："诸位，这就是家常说的十船经过九船翻的鬼门关——巴雾峡。"

游船昂首挺进，游客们谈笑险境。又过了一会儿，我们来到了一个更加诱人的景点——"悬棺！"导游指着那高耸入云的绝壁说。我抬头望去，一口藏入悬崖凹处的棺椁映入眼中。我十分不解古人们是采用什么办法将棺椁放到这悬崖峭壁上的，令人惊叹！正在纳闷之时，又听到导游的声音："滴翠峡到了。"我随即望去，只见天色湛蓝，江水清澈，山峰青翠。这是一个开阔的山谷，静若无人，只有那水帘洞垂挂着银光闪闪的无数珍珠，天泉太空细细飞雨，绵羊崖羊儿千姿百态，摩岩佛微笑导航。碧山万花，鸟语花香，目不暇接。真是船已醉，人无声，只有照相机忙个不停。"啊！好一个世外桃源。"一个游客小声说。

百里三峡游完了，"这远山还有野人呢！"导游提高嗓门说。栈道的惊险、悬棺的奇妙、野人的神秘，好似三个神功，在我的脑海中游荡。老姑奶活像一个天真的孩子，东瞧西望，问长道短，说个没完。"欢迎再来！"导游说。"再来，一定再来！"老姑奶在开玩笑地回答。我留恋地望着将要埋入水下百余米的千古奇观，想象着明年三峡大坝合拢后的壮观美景，不由得举起双手祈祷：愿三峡明天更美好！

我们乘汽车返程了。老姑奶坐在前排兴致勃勃地环顾四周，大客车上游客都以敬仰的目光看着这位92岁高龄的老人。我的朋友——河南省政协常委、原省台办主任郑淑真女士笑着对老姑奶说："我首次来三峡全托您老的福了！""我有福！"有些耳聋的老姑奶打岔说。老姑奶指着我说："我的福全是淑芳她爸——我的侄子万林（我的父亲原用名）给的。"她咳了两声，清了清嗓子，提高声音，扳着指头算起来，"她爸1988年接我到香港是我第一次乘飞机；我还西游洛阳白马寺、登封少林寺；东游开封龙亭、相国寺；我去过北京故宫、长城、颐和园。"她骄傲地接着说，"对了，万林还带我这个小山村的老太太住过北京钓鱼台国宾馆呢！我这些年的衣食住行全靠万林了。说句实话，我们村中的老人都非常羡慕我，说我真是这个世上最有福气的老人。说句不好听的话，我就是现在归天了，也值了。"

郑主任越听越高兴，老姑奶越说越有劲。郑主任伸出大拇指对我说："淑芳，你父亲真伟大！说实在的，我见过孝子，特别是台胞中的孝子颇多，而这样孝顺姑姑的，创办人是第一个。"在场的人都说："总结得好！"车不停地行进，沉醉在幸福中的老姑奶还在说着、笑着、看着……

（2001年5月）

五　父亲日常生活的二三事

2001年金秋十月，秋高气爽。喜逢吾父王广亚博士八秩华诞，举家同庆，我特撷取记忆中父亲的二三事，以示祝贺。

（一）厚待亲朋 俭待自己

1989年12月，我第一次去中国台湾，适逢台北育达高职校庆。一天，我父亲高兴地让我陪他去迎接来自美、韩、日的贵宾。父亲特别好客，和贵宾一一握手施礼，并愉快地把我介绍给客人：“这是我的大女儿王淑芳。”大家互致问候后，驱车前往台北阳明山酒店。那酒店富丽堂皇令人如入皇宫。当宾客一一坐定后，父亲订了中国台湾最好的饭菜，还风趣地伸出食指说：“每位每餐不低于100美元。”我吃惊地望着父亲，心里盘算着100美元相当于3200元台币……安排完之后，我和父亲乘车返回育达高职。车到校门口时，父亲掏出100元台币说：“你去买两个便当。”我刚到中国台湾哪知什么是便当？就随口问司机：“啥是便当？”司机说：“我带你去。”来到一个饭摊旁，他指着盒饭说这就是便当。我把100元递给店主，司机拿了两盒便当便走。我欲转身时，店主说：“还得找你50元。”回到父亲办公室，父亲微笑地对着我说：“咱父女俩吃个团圆便当。”我吃着便当，悟出了这两个百元的真正含义：厚待亲朋，俭待自己。

（二）父亲的补丁衣服

▲ 缝衣

1994年初夏的一天，我父亲穿着一件白底蓝条棉布衬衫来升达督导工作，晚间父亲叫我给他修补一下衬衣领。我看着那已经破了的衣领，笑着对父亲说：“不补了，我给你买件新的就是了。”“它陪伴我好多年了，我穿着很得体，又不是全破，还是补补吧！”父亲说。我只好从命。我把它洗好烫平，以我以前做裁缝时的最高手艺很快修补完毕。次日，我拿着补好的衣服请父亲看。他伸出大拇指，夸我补得好。我非常高兴，脱口而问：“还有要补的吗？”父亲看着我说：“多着呢，你想补吗？”我答道：“只要你需要，我就补。”父亲又说：“不过他们大多是不合体的‘退休’衣服。你姨妈一直把它放在中国台湾的家，我曾想过把它们送人，不知是否合适？”我想了想说：“咱老家有些不富裕的亲朋可能需要。”父亲说：“那好，我就送它们‘返乡’好了。”从那时起，前后11箱百余件洗净消毒叠放整齐的补丁衣服被带回老家海上桥村。父亲还再三叮嘱我：“可千万别强送人家（怕人家不乐意要）。”我遵父之命，送衣返乡供乡亲们选用。乡亲们穿着这些补丁衣服，都惊叹不已地说：“不知创办人如此节俭！”

过了两年，父亲又带回一包退休补丁衣服，其中一条黑色棉麻混纺裤子使我陷入了往事的回忆中。它是我补过两次的衣服啊！第一次是1990年，在香港时补的。当时是把裤子后兜的一块布剪下来，用黑线织在裆底，也不显眼。父亲穿了一年后又让我补。我情不自禁地问父亲：“你怎么让他退休了？”父亲说：“1993年筹建升达时我70多公斤，现在只有60多公斤，它太肥太大，我不能穿了。”父亲返台后，我再三思考，决定把这条裤子留下来，作为传家宝。时隔不久，父亲又来升达，我特意穿上传家宝裤，请父亲观看。他前后左右细细看后，笑哈哈地说：“它又派上用场了！”

（三）冒雾回升达

1995年春，我父亲到北京参加一个国际文化交流会。会后他按日程安排到升达。4月18日中午12点，飞机从北京机场起飞。谁知天公不作美，飞机到达郑州时地面大雾弥漫。我焦急地守着电话，一分一秒地等待着父亲的消息。下午2点多钟电话铃响起，我火速拿起电话，听父亲说：“淑芳，因为郑州雾大，飞机降至洛阳，请速派车来洛阳接我。”派车，我愣住了。连忙央求父亲说：“您是否先在洛阳住下，等雾小些再去接您？”“不，不行啊，孩子，我日程太紧。”我知道父亲向来事业高于一切，就不再劝阻，就立即派车前往洛阳。当父亲回到升达时，已经是下午6点多了。大家劝他休息，他哪里肯呢？我只好陪他巡视校园、检查工作、找人谈话。说句实话，偶尔我还打个盹呢。而父亲不知哪来的精力，他飞快的步伐、敏捷的回答问题、果断的指挥，令人折服。作为女儿，我不禁赞叹道：父亲已是70多岁的人了，两天一夜没好好休息，为了教育事业，他是在拼命地工作啊！

（2001年8月18日）

六　父亲爱女情深

就我的成长而言，慈父的教育使我终生受益。我刚记事时父亲就带我参观中山陵，讲孙中山先生的故事。讲完后还问："孙先生为啥要革命呢？"当我天真地学着他的河南腔调说"为民众"时，父亲高兴得把我举过头顶。我父闲暇时还教我背《三字经》，给我讲孔融四岁让梨和黄香九龄暖席的故事。父亲特别要求我亲师友、学礼仪，他常说"不知礼难立身"。父亲还教育我："你要想长大干大事，就要像小蜘蛛那样不怕苦，有毅力。"

时隔不久，因国内战火频发，我便和母亲妹妹回了老家巩县。谁知这一别竟是30多年没能相见。因为各种原因，家庭生活十分艰难。19岁那年，有一天我躺在床上，正想着如何帮母亲打理家中生活，突然看见一只大蜘蛛从我家窑洞墙上爬过，我脑海里立刻浮现出在南京父亲让我看蜘蛛织网的一幕，又想到人们经常描述的到新疆挣钱比较容易，霎时顿觉眼前一亮。我嗖的从床上坐了起来，自言自语道：我要去新疆闯荡挣钱，养活家人。

在新疆，我以蜘蛛为镜，失败了从头再开始，跌倒了再爬起来。心中只有一个目标，学本领，挣钱，养家。功夫不负有心人，我先后学会了理发、裁缝、接生、种菜、养猪喂羊。遇到假日我还进城做些小生意。我以“一箪食，一瓢饮”的精神攒钱寄回家奉养老娘、接济姑姨。生活虽然很苦，但苦中的我真正尝到了“让梨暖席”的人生感觉。

远离家乡，特别是我这个身处逆境的姑娘，只身孤影在新疆是何等思念亲人。特别在夜深人静时，更加想念我的父亲。我问苍天:“老天呀，我的父亲在哪里？”我曾多次在梦中见到父亲。

日子就这样在煎熬中一天天过去。老天有眼，我日等夜盼终于盼来了我父从中国台湾寄来的信和照片，这一年是1979年。我含泪细读数遍，顿觉雨过天晴，多少年压在心头的郁闷和块垒一扫而光。父亲信里讲要我到香港和他会面的消息，就像一块大磁石紧紧地吸引着我。那股来自父爱的幸福暖流立刻充满我的全身。接着，父亲又托他的日本好友马先生专程到新疆看我，并给我寄钱邮物。马先生还到政府有关部门商讨我去港之事。

几经折腾，1984年6月20日这天，我终于在香港见到了相隔38年的父亲。我扑到父亲怀里放声大哭，父亲望着我问长道短。稍后，他宽慰地说:“过去的就让它过去吧，对你来说最重要的是明天，明天怎样做人，怎样谋生，怎样济世？”接着，他又讲竞争时代，知识世界，科技威力。我听得如痴似醉。谁知，胸有成竹的父亲三五笔就勾画出我勤工俭学读大学的蓝图。可是我当时已是40开外的人了。读书，特别是边工作边读书谈何容易。要读好大学，我首先必须竭尽全力攻读摆在我面前的广东话和我忘光的英语。在读书的日子里，我曾想过退却，可是不行呀！父亲的期望、老娘的心愿，令我不能后退。我硬是在父亲的鼓励下，遵照他讲的“愚公移山，精卫填海”之毅力，横下心来拼命7年，终于获得了教育学系硕士学位。父亲闻之大喜，专程由中国台湾飞到香港给我祝贺。后来，我父亲一位老朋友风趣地对我说：“与其说你爸让你勤工俭学，不如说你爸让你动心忍性增益其所不能呀！”

此时，父亲高兴地对我说了他的一个心愿：他要到大陆办所大学，以微薄之力报效桑梓，并要我前去相助。我听后又惊又喜，一时不知说啥才好，只是连连点头。说实话，刚读完学校管理的我马上要进入角色真有些胆怯。临去大陆办学前，父亲找我谈话。他说：“办学不容易，办好更不容易。要想办好关键是会处群。”接着又让我到台北台中和大陆有关大学考察学习管理经验。自那时起，“会处群”3个字就深深扎根在我的脑子里。

在升达大学筹建的日子里，父亲亲自征地、亲自规划学校布局。在创建升达的日子里，父亲和工人们一起天天吃馒头、青菜、面条和小米稀饭。晚上和员工同住在简陋的房子里。他每天6点起床，晚上11点才回到住处，夜以继日地会审图纸、组织招标、改进施工方案。他满身灰土，两鞋泥泞，头顶烈日，冒着风雨，陪同基建大军度过了多少不平常的日日夜夜。终于在短短的9个多月的时间里，以分秒必争、质量要优的气概，建好了升达大学一期9万多平方米的工程。1994年9月20日，九百余名学生步入崭新的升达大学深造。实现了我父亲当年建校、当年招生的梦想。他说：“我是在拼着老命干呀！”

我父亲礼贤下士让我永记在心。那是一个炎热的盛夏，人热得透不过气来，他在办公室边思索，边画建校“护坡”方案。不一会儿，父亲让我把河南省中牟县施工队的陆文立队长请来为“护坡”献策。陆队长说出“护坡”方案后，父亲拍手叫好，立即拍板，使得“护坡”做得又快又省。父亲还经常请升达建设的总顾问、河南省原建设厅长袁拓荒，林州第九建筑公司郭经理，获嘉建筑公司的李云慧经理，家具公司的胡华旗经理等相聚，商讨升达建设难题。

父亲特别重视人才，他说："办好大学，校长很重要。"一天，他对我说想请位院长，可不知人家来不来，只好先让我去恭请。我遵父命和徐湘莲顾问前去河南财经学院拜见经济学家侯恒院长，又委托李裕宽代表前去拜访。当侯院长同意来升达任院长时，我父亲喜出望外。他马上亲自拜请侯院长，共商办学大计，并为侯院长购新车每日接送，以示经济学家的身价。1999年8月，侯院长因病住院，我父亲闻讯火速由台北飞来郑州探望，并再三叮咛他，千万不可过早出院。侯院长每每说及此事总感激不尽。广招人才，尊敬老师的他常对我说："尊敬老师就是尊敬圣人。"对老师，特别是有经验的教授更是言听计从。

1999年的一天，我父亲到升达学院商英系（现为外语学院）了解外语教学情况。河南省英语权威、商英系主任申立教授向父亲汇报学生的英语水平，并告知学校每年参加河南大学生英语演讲比赛总会获得一等奖、二等奖或三等奖。我父亲点头夸奖申立教授教学有方。接着申教授讲，为了给学生更多练习口语的机会，提高听说能力，应把60人的大班改为30人的小班，这样上课要增加学校教学费用。我父亲高兴地说："您是主任，您说了算，只要有利于教学，费用好说。"后来，英语四级考试传来喜讯，升达学生通过率达54.5%。超出河南省50余所高校平均通过率23个百分点，超过全国平均通过率19个百分点，超出全国重点高校通过率3.3个百分点。

我父亲不但对学者尊敬，对普通职员也十分尊敬。升达校园的南苑后山有百余亩横看是行、纵观成排、枝繁叶茂的雪松、梧桐树林，这是父亲规划的。他提出要求把任务布置给绿化班长刘戊寅等人栽种。当时，父亲亲临现场指挥并动手栽种。因任务完成得非常出色，我父亲经常讲刘戊寅的故事，让大家学习。有时父亲回到升达，还要给刘班长捎些东西，当面送给他，以表谢意。父亲关心教师还有一件使我难忘的事，那是一个大雪纷纷的日子，我见父亲在办公室若有所思，就问："父亲你在想啥？"他说："我见教授们坐的椅子有些陈旧，心里不是滋味，想去购买些沙发椅。"我指指窗外的鹅毛大雪，劝他先不用去买。他说："不行呀！谁叫我是创办人呢？"我拗他不过，只好请院长等人陪他冒大雪去郑州选购沙发椅。另外，每次回升达工作的日子，父亲总要挤些时间，请几位升达同仁到宾馆相聚，边吃边叙家常，以便沟通思想、交流工作，给同仁叫好加油。每逢过节还要宴请全体同仁，并送礼物以表祝贺。

我父亲在一次讲话时说："老师的职责是教书，把书教好；学生的任务是读书，把书读好；而我的任务就是把大家的福利办好。"因此，他每次来升达不管时间长短、工作忙闲，总有个不变的日程就是巡视校园：看教室、听讲课、走宿舍、串食堂，征求师生的意见和建议，并且立即督导有关部门及时改进。正是我父亲关心师生，忘我的工作精神，在短短的七年中，使升达成为在校生达7000余人，在河南成为颇有名望的经贸学府。有一次，我高兴地对他说："大家都说您好像不知疲倦的高速马达，驱动升达快速前进。"父亲听了微笑一下，然后郑重地说："要记住，为升达成功想方设法、奋力工作的校领导和同仁才是升达不断前进的真正动力。"

每当我目睹百亩沼泽变碧湖、绿树成荫、鸟语花香时，目睹不断拔地而起又独具现代风格的高楼时，目睹各位慕名而来升达工作的领导、同仁不辞劳苦地工作时，目睹那些可爱的青年在宁静的教室里读书时，我的脑海里就会生出一幅幅美丽的画卷。这就是：一大批志士仁人团结在父亲高举的"兴教回馈桑梓"的旗帜下携手高歌猛进。只有这时，我才真正理解诚信治校、善于“处群”的真正含义。

七　父亲的处世与追求

执着，是父亲办好一切事情，特别是献身教育事业的信条。记得1984年在香港见到父亲时，他给我的第一印象是言不离孔子、言不离教育。以后20多年在我与父亲的接触中，进一步了解到父亲脑海里的思想主要是“如何办好教育”。在他所办的10余所学校中，大到学校的长远规划，小到师生的点点滴滴、学校的一草一木，都聚集在他的脑海里，而且条理是那样清晰，运行是那样有序，绩效是那样良好。使我看到了父亲“咬定青山不放松”的执着。

有时，出于女儿对父亲的关心，我问父亲：“你这样夜以继日地工作，太累了吧？”他总是笑着说：“这是我的乐趣，我希望你也有这种乐趣。”至今，让我铭记于心的是，他在72岁高龄时为升达选校址的情景。当年，他冒着酷暑，驱车数十次往返于荥阳、上街、市区、中牟、新郑等地。他下车步行考察时，行动之快、反应之灵敏，使我和不少随行者望尘莫及。尤其是来到升达龙湖校址那天，正值盛夏，烈日当空，动一下就满身汗的三伏天。他在看到南边那片芦苇水塘时，一动不动地站在那里，伞也不打，汗也不擦，目光不停地东扫西瞄，好像在构思什么。过了一会儿，父亲面带笑容颇含深意地说“有水则灵”。就这样，他一锤定音，升达学院落户在了龙湖。经过详细规划和几年的建设、绿化，当年的芦苇塘、沼泽地如今已变成水榭亭台、水清木秀的校园无名湖。正如郑州市领导初来校视察时所说：“升达真是郑州的小江南！”

在升达学院筹建的日子，父亲的执着令我感动。建校就得招生，不巧的是，当年，河南的招生计划里没有升达，很多人都为此犯愁、失望。然而，我的父亲却自信、执着。那几天，每天早上8点前，他非常谦恭地站在省教育厅门前等候领导。他一方面理解省教育厅的难处，一方面又想使河南应届高中毕业生有更多的学习机会。真是欲说难启口，不说心难受。看到省教育厅领导稍有空闲时，他就凑上去说几句，生怕打扰人家正常的工作。就这样，升达总算找到了解决招生的办法。1994年9月23日，首届新生报到那天，升达学院张灯结彩、人流攒动，好不热闹。父亲的脸上也露出了亲切的笑容，大家也为升达手舞足蹈，欢呼雀跃。

在我父亲看来，感恩是他生活的重要组成部分。在我与他一起生活的日子里，他谈的另一个主要话题就是“乌鸦反哺、羔羊跪乳”的故事。在他看来，不爱父母的人，就很难爱他人；不关心朋友的人，就很难关心他人；不知感恩的人，就很难成就事业；不爱团队的人，就很难爱国家。在这种思想指导下，我父亲的恩人无数、朋友很多。如：他把在他处于人生十字路口时，指点过、支持过他办学的刘延涛老先生当恩人；把在经济上资助过他的林时金老师当恩人；把家乡父老乡亲当恩人；把给他说过鼓励话、支持他工作、协助他办学以及在他创办的学校里的教职员工都视为朋友和恩人。父亲对我去世的祖父祖母节日追思、清明扫墓。在中国台湾学校有一现代标志性的教学大楼，以我祖父名字“家升”命名，永念孝悌。他经常给我们晚辈讲孝道、讲尽忠是做人的基本素质。

父亲对帮他工作、支持他办教育的刘延涛老先生言必感恩、行必资助。当年，他资助刘老重病住院多年的夫人，执意自出费用给其请佣人、买车子；刘老在大陆的儿子身患绝症时，父亲不惜代价购买贵重药品，想方设法延长他的生命；还资助刘老的孙子读书。

在刘老去世时，父亲除承担起全部安葬费用外，还亲自料理、送行，并告诫我们兄弟姐妹，永远不要忘记刘老。为感恩刘老，我父亲在郑州建造了一个艺术馆，最初就命名为“刘延涛艺术馆”。我父亲对林时金老师也是言必感谢。当林老师退休后，父亲经常带他去国外观光旅游；每逢节日，只要我父亲在中国台湾，都会登门拜访林老师。他经常对我说：“在我贷款办学时，因没人担保险些贷不出款，是林老师以自家住宅为抵押，才圆了我的贷款建校梦；育达能有今天，林老师功不可没，你们要永远记着他。”

父亲对生他养他的地方——巩义市海上桥村，更是情有独钟。记得他从中国台湾归来，在第一次回家的路上，对家乡的情况，他向我问长问短。刚一进村，迎接他的父老乡亲和家人就热情地拥了上去，险些把他抬起来。父亲向父老乡亲鞠躬示礼后，他看着这些尊敬的乡亲，看着久别而可爱的家乡，思考着为家乡做些公益事业。自此，他先后为家乡修公路、办工厂，建学校、建凉亭。逢年过节给全村父老乡亲送米送肉。就连在中国台湾的、生活困难的六七位同乡，除经常给他们生活补助外，在他们年老去世时，还给他们买坟地和棺材。在父亲创办育达初期，中午常以干馍充饥，学校隔壁邻居的王母亲不时给他送来开水。后来，当父亲创业成功，王母亲仍住在简陋的房子里，他便给王母亲买了一栋漂亮的房子，以感谢王母亲当年供水之恩。

父亲常说，教职员工都是为我的教育事业而来的，他们都是我们的朋友和亲人。他们在职时我们要善待他们；他们离职后我们千万别忘记他们。因此，他不断改善员工住宿条件，提高员工待遇，发放慰问品。就是对一些退休的老员工，他也是念念不忘。他还经常派我去探望那些在升达工作过的老同仁。学校驻地小乔村有位叫草木则的人，在升达创办时，他送给学校一些月季花苗，还有位乔桂芝，在升达初建时，送我父亲一捧花生，虽是区区小事，但此后父亲不但常提及他们，而且还请他们在校庆或春节团拜会时来升达做客。我跟随父亲20余年，真正体会到了他常说的一句话“朋友是财富，恩人是幸福，感恩是享受”的真谛。

奉献是福，也是父亲的人生信条之一。我清楚地记得，在香港父亲考我的一幕。他把右手伸出，先是手心向上问我：“是这样好？”接着又把手心向下，问我“还是这样好？”好在我还有点灵巧，笑着答道：“手心向下好！”问我为什么，我却答不上来。父亲微笑着说：“手心向下表示赐给别人，手心向上表示被人赐给；前者是奉献，后者是获取。”他还说“人生在世，奉献为本”。奉献产生力量、温暖、亲善、和谐和幸福，奉献会创造美好的明天，奉献是富国强民之本。正是基于这信念，父亲在海峡两岸创办学校，回馈社会；正是基于这信念，父亲数百次地往返海峡两岸。他常说：我奉献社会的是办学，我奉献国家的是优秀的人才，我奉献他人的是友谊和钱财。

我曾粗略统计过，父亲一生创办了10余所学校。此时仅在台毕业的学生已达20多万人，大陆学校的毕业生也有数万。他还为巩义市贫困地区之一的寇家湾村修建了小学，使得这些孩子全部在窗明几净的教室里学习。我国发生自然灾害时，父亲更是“捐”字当头。他还发动中国台湾在校师生捐助大陆。记得2001年秋，河南省台前县发生水灾，父亲得知当地灾民住房被淹，缺衣少食，急灾区所需、想灾民所想，令我带车速去灾区，送去棉衣1600多套。2007年，河南省卢氏县发生了百年不遇的水灾，父亲身在中国台湾情系灾民，要我代他速给灾区捐款10万元。据不完全统计，数年来，他共捐助人民币百万元以上。可是，每当领导或别人称赞父亲对社会所做的贡献时，他总是微笑着说：“这是我应该做的！”有一次，我曾自豪地对父亲说：“你的奉献精神了不起！”他却不以为然说："在社会上，那只是沧海一粟。"我看着80高龄的父亲，崇高的敬意油然而生。

八 父爱的力量

2009年8月，是我最敬重、最钟爱的父亲王广亚博士88岁寿辰和从事教育事业60周年。一位哲人讲过：父爱是人生的戒尺、父爱是人生的舵盘、父爱是人生的偶像、父爱是人生的力量。在我的人生旅程中，是父亲滋润着我的心灵，是父亲点燃了我人生的希望，是父亲赋予了我丰富的智慧，是父亲给了我无穷无尽的力量。今天，在这个"双喜双庆"的日子里，我向父亲献上一份最深情、最厚重的礼物。

（一）孩提时，父亲教育我好好读书

经常听母亲讲，小时候，父亲非常关心我的学习，从牙牙学语开始，他就对我进行启蒙教育，给我买画书、教我背古诗。"锄禾日当午，汗滴禾下土。谁知盘中餐，粒粒皆辛苦""白日依山尽，黄河入海流。欲穷千里目，更上一层楼""离离原上草，一岁一枯荣。野火烧不尽，春风吹又生"……这些古诗，至今都还印在我的脑海里。

我记得1947年和父亲在南京火车站分别时的情景，父亲送我们上车前，交给母亲一包书，里面大部分是以前他教过我的唐诗读本，并叮嘱母亲："到家后，一定要让书望（我的曾用名）好好读书，将来会有用的。"火车缓缓开动了，父亲在站台上向我们挥手，母亲饱含热泪没有言语。我看到母亲哭了，仅6岁的我也哭着叫着要父亲，舍不得与父亲分离，直到望不见父亲的身影，心情才平静下来。从此以后，我和母亲就过上了与父亲天隔一方的日子。

亲情似海深、父爱暖儿心。小时候，虽然我与父亲一起生活的时间很短，但在我幼小的心灵中，已刻下了对父亲的深刻印象：他那高大的形象，他那英俊潇洒的气魄，还有他那关心我、疼爱我的炙热胸怀，都深深地珍藏在我的心底，时时在激励我成长。

▲ 父亲嵩寿和家人在一起

中华人民共和国成立初期，父亲杳无音信。随着年龄的增长，我对父亲的思念之情与日俱增。我把对父亲的思念化作无形的力量，面对艰难的生活毫不畏惧。尤其是我牢牢记着父亲“好好读书”的教诲，渴求知识，刻苦学习。我没有辜负父亲的期望，在本村读完了小学，又于1954年考上了巩县中学。去上中学，这是我一个从来没出过远门的山村姑娘第一次到县城。当我看到别的同学都有父亲陪同到学校报到时，不由一阵心酸，热泪夺眶而出。我叩问苍天：我的父亲啊，你在哪里？……然后，擦了一把眼泪就打起精神，独自跑向教室。在学校，经常有同学问起父亲，我总是心如刀绞。然后搪塞几句含羞而去。我好像矮人三分，好像有什么短处。不过，正是这一点更激发了我学习的热情，因为我的血脉里流着父亲的血，我的身体里留有父亲的体温，我的性格里有着父亲的意志，我的思想里有着父亲的秉性，我要为父亲争口气，在思念父亲的同时发奋读书、顽强读书，以优异的成绩完成了中学的学业。

（二）在新疆，思念父亲使我战胜艰难困苦

父爱的伟大，不仅在于凝结了孩子的血肉，更在于塑造了孩子的灵魂。如果父亲是雨，我要做雨后的虹；如果父亲是月，我要做捧月的星。由于自然灾害，1960年我的奶奶饿死了，全身浮肿的母亲声泪俱下地呼喊着：“娘啊娘，你走了，你的儿子不在家，可叫我怎么过啊？”母亲直哭得我肝肠寸断，我轻声呼唤：老天保佑！保佑我的父亲早点回来！过了一段日子，在一天晚上，母亲又和我谈起了小时候父亲对我的关爱，以及父亲在大陆时的干事经历和奋斗精神。最后，她小声地对我说：“你父亲可能在中国台湾。”我心情特别激动，心想：中国台湾，那是祖国的宝岛……我坚信，有朝一日我一定会见到父亲。

从此，体弱的母亲和我相依为命，艰难地生活。可日子越来越

苦，苦到吃了上顿没下顿的境地。母亲除了白天黑夜地干活就是唉声叹气。在这漫长的岁月里，父亲的声音常在我耳畔响起；父亲的身影常在我眼前浮现；父亲的教诲常驻在我的心田。虽然我是一个女孩子，但我已长大成人。这时，我横下决心：我要像个男孩子一样“撑起王家的门面”！1962年，我听一位同学说新疆好找工作。我有心前去，可又舍不得离开母亲；不去，又无法生活下去。经过几天痛苦的、激烈的、反复的斗争，最后拿定主意出去闯荡。我先想尽一切办法给母亲买了些粗粮，随后，便瞒着母亲，毅然决然地离开了家。我身无分文，靠爬货车，靠步行，靠一路要饭到了新疆。

在新疆，我在一家农场找到一份工作。为了养活母亲和老家亲人，我不知疲倦、不怕辛苦、不畏艰难、拼着命地干活。人生是一条没有尽头的路，每当我疲惫懈怠时，记忆中就又浮现出父亲坚定的面容、坚毅的声音、坚韧的精神。这就像暴雨前的雷电，虽然只是一闪，却激起了我同风雨同生活搏斗的勇气。天道酬勤，功夫不负有心人，我在新疆凭一双手，凭体力和毅力，不仅养活了全家人，还学会了种地、种葡萄、裁缝、接生和理发等许多手艺。

1978年的开春，我做了一个梦：梦见在一个大学里，有一个很大的舞台，上面站着一个人在演讲，母亲对我说，那不是你父亲吗？他一定是位校长。当我从梦中醒来，眼角都湿润了，这让我一连兴奋了好多天。就在这个秋天，天大的喜讯从天而降：我接到母亲的来信，并转来父亲从日本寄来的一封信，还有照片。啊，我真的接到了父亲的来信啦！我的手颤抖着，边看信边看相片，泪水像断了线的珠子一样不停地往下掉，把信都打湿了。我一遍又一遍地读信，生怕漏掉一个字。看完信和相片，我把它放在胸口，反复反问自己，这是真的吗？这是真的吗？镇定以后，心情豁然开朗。我情不自禁地高声喊：“我找到父亲啦！”这喊声惊醒了我睡梦中的孩子。孩子们问："外公有信啦？他在哪里？他能来看我们吗？"父亲的来信让我们全家高兴得彻夜未眠。此时，令我深深感触到：家中有爱，人间有情，世界多美好！

（三）在香港，父亲引导鞭策我深造

自从与父亲取得联系以后，我和父亲经常通信，叙述离后的处境，了解近期的工作与生活，表达思念与关爱之情。当我了解分别后的三十年，父亲在中国台湾笃爱教育，并创建了一番事业，令我更加敬佩与热爱我的父亲。此时此刻，我深深地感到我的父亲是一位感情深厚的父亲，是一位有崇高责任心的父亲，是一位关爱家庭、关爱妻子、关爱儿女的父亲，是一位干事创业的父亲，是一位伟大的父亲。

没过多久，父亲提出要我带着孩子去香港会面，可新疆距香港万里之遥，一贫如洗的我怎样才能到达呢？我迟迟未回信，父亲着急，就请日本的一位朋友到新疆来看我，给我钱，给我物，接济我的生活。1984年，父亲几经周折，终于把我和孩子接到了香港，我一下子变成了大都市的居民，那自豪劲、那感激之情就别提了！我如在茫茫沙漠中见到了绿洲，我好像风雨过后见到了晴天与彩虹。父女会面后，藏在心中近40年的盼望，我含着眼泪叫了一声："父亲！您好吗？"

我与父亲长谈过去的一切，父亲诉说他创业的艰辛，我仰望着年过花甲的父亲，偶尔插上几句辛酸的往事……交谈一阵子后，父亲好像早有准备地说："在当今的社会里，你要生活下去，就必须深造自己，必须学些知识。所以，你现在必须去读大学，补上这一课。"我一听，头都大了。心想：常言说，人过三十不学艺，我都四十多岁的人了，还能读书吗？父亲看我有些迟疑，微笑着说："你是吃鱼呢？还是要鱼竿？"我沉思了片刻，说："要鱼竿！"父

亲高兴地说："这就对了！上大学就是鱼竿！吃完了鱼自己再钓！"啊，是父亲唤醒了我沉睡的心灵，是父亲给我这只在人生大海中苦苦航行的小船挂上了风帆。

不久，我就进入"香港远东书院"读书。天哪！大学可真不是好读的！教授是用粤语讲课，繁体字也看不懂，急得我眼睛直流泪。两三个月后，我就打起退堂鼓来。父亲知道后，问我难到啥程度？我说了难处之后，父亲笑着说："还没有难到每天学不会一个字嘛？也没有像梅兰芳那样，难到老师都不教你了嘛？我相信我的女儿会以梅兰芳为榜样，学出好成绩！"就这样，在父亲的不断鼓励下，我圆满地完成了大学学业。后来，我又考上了"香港能仁书院"，攻读研究生。几年后，年逾半百的我还像个孩子似的高高兴兴把毕业证书拿给父亲看时，父亲非常高兴地说："你可以工作了！"这时，我按捺不住兴奋而激动的心情，像一只出笼的小鸟展翅欲飞，像奔驰的汽车又装满了油挂上了五档。啊，这一切、这一切的一切都是父亲给予的，我真真切切地感受到父亲的胸怀像天空一样高远，父亲的恩情像大山一样深重。

（四）在升达，父亲教导我如何做人做事

悠久的炎黄文化，维系着海峡两岸中国人的手足之情，这是盈盈一水永远隔不开也割不断的亲情。20世纪80年代，党的开放政策吸引了许许多多居住在中国台湾地区以及海外的中国人回大陆创业。我父亲在古稀之年，决心倾尽毕生积蓄，回归故里办学，以报桑梓。这一壮举受到省市领导及家乡人民和教育界的热烈欢迎。

1993年，从郑州升达大学建校那天起，父亲让我帮他管理学校，并向我提出，到学校要记住：在工作中要学会"三吃"：努力工作要学会吃苦；对待同仁有关利益时要学会吃亏；受委屈时要学会吃气。在升达，我就把学校学到的知识巧妙地与父亲教导的"三

吃”精神紧紧结合起来，用到社会生活和工作中去。由于肯吃苦，我掌握了父亲办学的教育理念“伦理、创新、品质、绩效”，熟悉了大学管理运作规律，掌握了学校总务工作的各项程序和营建工作的各个环节。由于能吃亏，我的修养大幅度提高，得到了领导的赞誉和同仁的拥护，使我所领导的总务部门，大家齐心协力，事事处处按照父亲行事准则“计划创新、执行彻底、考核严谨、赏罚分明”的要求办事，工作有条不紊，并取得显著成绩。由于能吃气，使我的胸怀更加开阔，懂得了“逢事换位思考、逢事了解清楚”。也学会了求人的“三部曲”：先了解被求人的性格和爱好；交往时尊重对方为先、态度诚恳，让对方多说；最后加强友好往来，节日拜访。正是父亲教我的“三吃”精神，使我在驻校董事的岗位上得心应手，我还当选为河南省政协委员。每想到此，我总自豪地想：是父亲给了我生命、心灵和筋骨，还给了我知识、精神和力量。我深深地体会到，父亲给予我的决不是一栋豪华的房子，决不是一笔数不清的财富，而是一部浩瀚的生活“百科全书”，它指引我走向美好的人生，才使我的后半生活得有滋有味、有意义、有价值！树木的繁茂归功于土地的养育，儿女的成长归功于父母的辛劳。今天，我用再美好的语言也表达不了对父亲的感谢。

桑榆晚景休嫌少，日落红霞满漫天。父亲，您创立了丰功伟业，却淡定自若、从不炫耀，这让我想起人们对大河的赞美：河水越深，响声越小。父亲就是一条宽阔的大河。您微微红润的脸上，显露出青春不老的雄心。您的精神状态，总让我感到您不是一抹灿烂的夕阳，而恰似一轮黎明时的朝阳，是那样富有生命力。您生命的秋天，如枫叶一般的美丽，不是春光，胜似春光！

九　在父亲追思会上的答谢词

我的父亲、升达学院创办人、著名豫籍中国台湾教育家王广亚博士于2015年12月29日6时6分在台北与世长辞，永远地离开了我们。

父亲一生奉献教育。作为一位教育巨擘、一位杏坛楷模、一位站在屋顶上的巨人，他付出了毕生的精力和心血，为世人留下了十余所学校和宝贵的精神财富。数十万学子在他创办的学校中读书求学，进而改变了人生的命运；百余万人在他“吃苦、吃亏、吃气”信念的感召下，艰苦奋斗，创业有成；数百万人在他“勤俭朴实、自力更生”精神的影响下，脚踏实地，爱岗敬业。

作为创办人，您是广受各界推崇的民办教育先行者，是蜚声中外的著名教育家。作为父亲，您是慈爱的长者，是我人生的导师。我清晰地记得，我40多岁时与您重聚的那一刻，您带给我满满一箱子布娃娃和小女孩的花衣服。我深深地明白，这一箱子礼物寄托着您对女儿无尽的思念与疼爱。曾记得，第一次到台北，您和我的午饭只是两个盒饭，后来我才理解，这是您一贯勤俭朴实的作风。曾记得，您送我到香港读书，却只给了学费，我半工半读才完成了学业，后来我才体会到，您是在教我自力更生……

亲爱的父亲，您的教诲像一盏明灯，为我照亮前程；您的关怀像一把伞，为我遮风蔽雨。而今，屋顶（一记者曾以“屋顶上的巨人”为名写过父亲）再无巨人，明德（指父亲取名的学校一广场）再无光华。您带着对教育事业的无限眷恋，带着对师生儿女的殷殷深情与我们永别了，留下万千学子难以忘却的怀念，留下数十万校友发自肺腑的感恩，留下百万民众无语凝噎的敬重。多想再听听您的教诲，多想再握握您温暖的大手，多想再看看您慈祥的面容，多

▲ 创办人追思会

想再凝视您远去的背影……

高风传梓里，亮节昭后人。人去音容在，身无志犹存。我敬爱的父亲，请您放心，我们不会忘记您热爱祖国、无私奉献的赤子之心，不会忘记您回馈桑梓、造福家乡的高尚情怀，不会忘记您心系教育、兴校办学的丰功伟绩，不会忘记您呕心沥血、殚精竭虑的创校艰辛，不会忘记您把学校办大办强的愿望，不会忘记您照顾好师生员工的嘱托。您的壮举将永世传颂，您的理念将不断发扬光大，您的精神将永远激励我们前行。我们将化悲痛为力量，牢记您的教诲，继承您的遗志，齐心协力把升达办得更好，为国家和社会培育更多栋梁之才。

亲爱的父亲，尊敬的创办人，您的精神永垂不朽，您开创的事业将永远传承。安息吧父亲，请您老一路走好！

附录1：王淑芳个人荣誉

BO YU
荣誉证书
授予：王淑芳同志
先进教育工作者
中共新郑市委
二〇〇二年九月

荣誉证书
王淑芳同志被评为全省高校后勤社会化改革
工作先进工作者，特发此证，以资鼓励。
河南省教育厅
二〇〇四年十二月

荣誉证书

授予 王淑芳 同志

河南省高校后勤工作先进个人

河南省高校后勤管理研究会

二〇〇八年十月

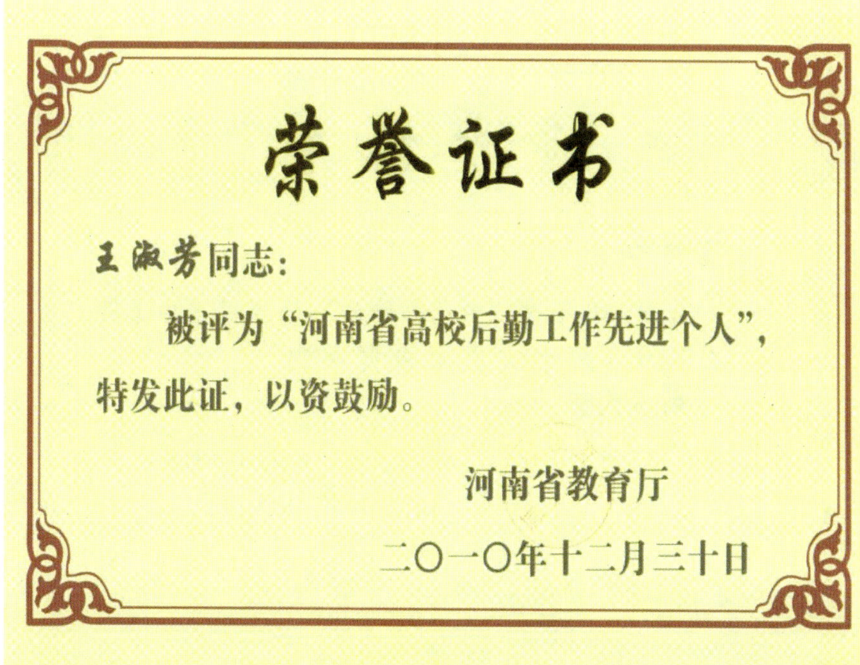

荣誉证书

王淑芳同志：

被评为“河南省高校后勤工作先进个人”，特发此证，以资鼓励。

河南省教育厅

二〇一〇年十二月三十日

荣誉证书

王淑芳：

在2019年度黄河教育奖评选活动中，荣获“新中国成立70周年河南高等教育十大功勋人物”。

特发此证

河南日报社　黄河教育奖组委会

二〇一九年四月

荣誉证书

王淑芳：

在2020年度“黄河教育奖”调查评选中荣获“2020年度十大黄河教育人物”

特发此证

河南日报社　黄河教育奖组委会

二〇二〇年九月

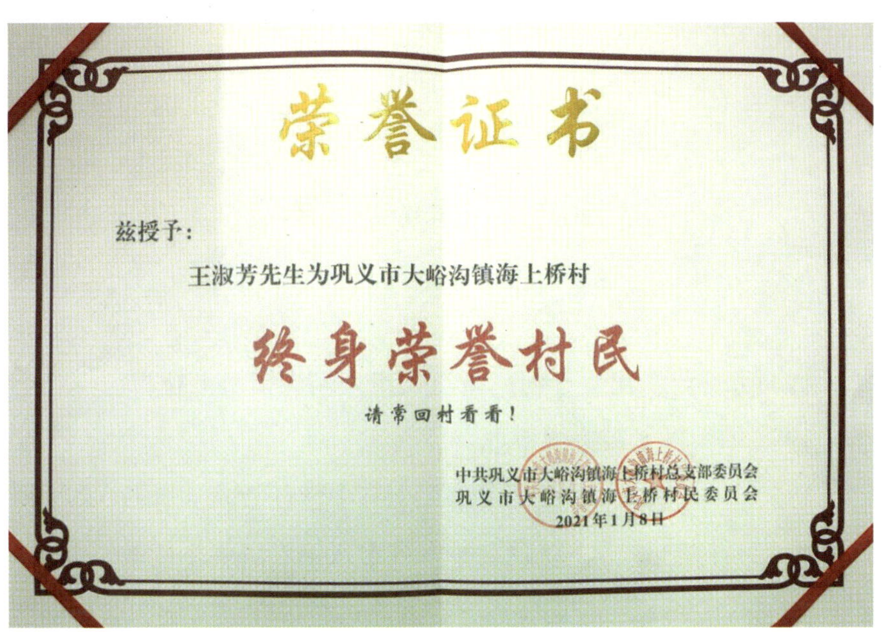

荣誉证书

兹授予：

王淑芳先生为巩义市大峪沟镇海上桥村

终身荣誉村民

请常回村看看！

中共巩义市大峪沟镇海上桥村总支部委员会
巩义市大峪沟镇海上桥村民委员会
2021年1月8日

荣誉证书

王淑芳：

在2021年度“黄河教育奖”调查评选活动中荣获“河南高等教育功勋人物”。

特发此证。

河南日报社黄河教育奖组委会
二〇二一年五月

附录2：王淑芳年表

1941年8月，出生于河南省巩义市大峪沟镇海上桥村。

1958年，巩义市二中毕业。

1959—1962年，在巩义市第二十三中学任教。

1963—1983年，在新疆乌鲁木齐市八一农场中学任教。

1984—1990年，迁居香港，在香港远东书院读文学，取得学士学位；

在香港能仁书院读教育管理，取得硕士学位。在台硝股份有限公司实习。

1990—1993年，在深圳一家中外合作办学机构做后勤财务管理工作。

1993年2月，随父返乡创建升达学院。

1994年4月，担任升达大学筹备处驻校董事。

1994年7月，陪同河南省委书记李长春同志察看升达工程进度。

1994年8月，陪同郑州市委副书记祖松臣、郑州市副市长刘振中等同志参加升达升国旗仪式。

1994年8月，出席“台湾台硝集团”吴治海总裁与升达建教合作仪式，台硝集团持续捐赠美金十万元作升达奖学金基金。

1994年10月，举办首次国庆军民联欢会，与校200余名学生和30名武警战士共度佳节。

1994年12月，陪同河南省委书记李长春、郑州市委书记张德广、省委秘书长王全书、郑州市长朱天宝等同志莅校视察。

1995年1月，陪同郑州大学党委副书记郑永和、党委办公室副主任吴宏亮等同志参加升达元旦联欢会。

1995年1月，陪同河南省人大常委会副主任范濂、政协副主席梅养正等同志参加升达王万兴纪念体育馆奠基典礼。

1995年2月，陪同河南省政协主席林英海、副主席姚如学一行视察升达。

1995年5月，被河南省人才学会聘请为河南省人才学会理事。

1996年9月，陪同原国家民政部部长王国权同志察看升达。

1996年9月，陪同郑州市副市长周建秋、市外资办主任杜祥琛等同志出席升达举行的刘延涛艺术馆签约仪式。

1997年3月，陪同中央纪委副书记侯宗宾视察升达。

1997年7月，陪同全国人大常委会副委员长费孝通、河南省人大常委会副主任范濂、郑州市人大常委会副主任牛甲辰等同志视察升达。

1998年8月，陪同全国政协常委副主席叶选平等同志视察升达。

1998年11月，陪同教育部职业教育及成人教育司司长黄尧、河南省人大常委会副主任张世英、郑州市副市长刘振中等同志出席升达学院建校五周年庆祝大会。

1999年10月，陪同教育部发展规划司纪宝成司长、宋德民处长、河南省教委王日新主任等同志视察升达。

1999年11月，陪同教育部副部长张保庆、财政司司长杨周复、河南省副省长陈全国、省教委王日新主任等同志视察升达。

2000年1月，出席升达“迎千禧”元旦文艺晚会。

2000年2月，出席春节团拜会。

2000年6月，出席毕业生毕业典礼。

2000年9月，陪同教育部高等教育发展基本状况调研组领导以及河南省教育厅发展规划处张冰燕副处长一行调研升达。

2001年5月，陪同全国政协港澳台侨委员会主任朱训，全国政协港澳台侨委员会副主任、福建省政协原副主席林开钦，全国政协港澳台侨委员会副主任、中国侨联原副主席何添发，教育部对外交流处处长徐永吉，全国政协港澳台侨委员会、国务院侨办原副主任李星浩，全国政协港澳台侨局副局长马健，全国政协港澳台侨局助理调研员王春祥等同志视察升达。

2001年10月，陪同河南省副省长贾连朝、河南省教育厅厅长王日新、副厅长李文成等同志调研升达。

2002年1月，陪同新郑市委副书记杨福平、副市长马国亮、教育局局长朱德民、副局长傅伟见等同志调研升达。

2002年1月，陪同河南省政协港澳台侨委会主任刘真等同志视察升达。

2002年9月，被中共新郑市委评为“先进教育工作者”。

2002年11月，陪同郑州市长陈义初等同志视察升达。

2003年5月，陪同新郑市委书记张春香等同志视察升达。

2003年11月，陪同河南省副省长贾连朝、河南省政协副主席陈义初、省教育厅副厅长李文成、省政府发展研究中心主任岳文海等同志出席升达建校十周年庆祝大会。

2003年12月，在黄河迎宾馆受到河南省委书记李克强同志的接见。

2004年6月，陪同河南省委副书记支树平、郑州市委书记李克等同志视察升达。

2004年12月，被河南省教育厅评为“全省高校后勤社会化改造先进工作者”。

2005年3月，陪同巩义市委副书记李杰、新郑市办公室主任秦宏源、龙湖镇镇长杨春峰等同志考察升达。

2005年6月，陪同河南省政协副主席陈义初、省台办主任徐宁生、市人大常委王旭彤、市教育局副局长刘鹏利等同志出席升达2005届毕业典礼。

2005年9月，陪同河南省委书记徐光春等同志视察升达。

2006年1月，出席春节团拜会。

2006年6月，陪同河南省台办主任徐宁生、市人大常委王旭彤、市教育局副局长刘鹏利等同志出席升达2006届毕业典礼。

2007年1月，陪同团中央民办高校团建调研组成员、全国学联办公室主任张健等同志调研升达。

2007年10月，出席河南省人民政府国庆58周年招待会。

2008年11月，陪同河南省台办主任宋丽萍等同志出席升达建校15周年庆典。

2008年10月，被河南省高校后勤管理研究会评为“河南省高校后勤工作先进个人”。

2009年10月，出席创办人像落成暨建校纪念碑揭幕仪式。

2010年4月，陪同“台湾海基会”副董事长兼秘书长高孔廉一行参观升达。

2010年11月，陪同郑州市委书记连维良、市委秘书长孙金献、市人民政府副市长刘东等同志视察升达。

2010年12月，被河南省教育厅评为“河南省高校后勤工作先进个人”。

2010年12月，陪同全国高校设置评议专家组成员考察升达转设工作。

2011年5月，陪同海峡两岸关系协会副会长张铭清、河南省副省长徐济超、省人大副主任贾连朝、省政协副主席陈义初、教育部政策法规司原司长王茂根、原省政府台办主任徐宁生、省教育厅党组副书记、副厅长李敏等同志出席郑州升达经贸管理学院揭牌庆典仪式，升达转设为独立设置的民办普通本科高校。

2011年5月，陪同“台湾海基会”董事长江丙坤、副会长王在希、副省长史济春、省台办主任宋丽萍等同志参访升达。

2011年8月，担任郑州升达经贸管理学院第一任董事长。

2011年11月，出席“教育之光暨圣火传递”开幕式，弘扬创办人的教育思想和办校精神。

2011年11月，出席时金大楼落成剪彩仪式。

2012年5月，被河南省民办教育协会评为“全省民办教育工作先进个人”。

2012年9月，被河南省民办教育研究会评为“河南省民办教育先进工作者”。

1995—2012年，历任河南省政协第七届、第八届、第九届、第十届委员，荣获“优秀提案奖”一次。

2013年5月，出席在升达召开的河南省民办教育协会会长会议，并当选为河南省民办教育协会副会长。

2013年5月，陪同民进中央副主席、中国民办教育协会会长王佐书，河南省原副省长、省民办教育协会会长贾连朝，省教育厅巡视员张健等同志出席升达承办的河南省民办教育四届五次会员代表大会。

2014年6月，陪同河南省委副书记、省长谢伏瞻，副省长赵建才等同志赴台北育达高职参访。

2014年11月，被河南省教育厅评为“河南省民办教育工作先进个人”。

2015年1月，被河南省民办教育学会评为“2014年度中原教育领袖人物”。

2015年11月，被河南省民办教育协会评为“河南省民办教育先进个人”。

2016年4月，被河南省民办教育协会评为“河南民办教育先进工作者”。

2016年10月，所著《跨越海峡两岸的教育实践家——我的父亲王广亚》出版发行。

2017年3月，担任郑州升达经贸管理学院第二任董事长。

2017年4月，荣获“河南高等教育十大突出贡献人物”。

2017年9月，署名文章《父亲王广亚与升达经贸管理学院》在《河南文史资料》上刊发。

2017年12月，首届“中原社会责任功勋人物”。

2018年7月，酷暑天气慰问全校一线值班人员。

2018年9月，在执行董事王新奇和总务长张其武的陪同下，深入校园、学生餐厅、教职工宿舍等处巡视。

2019年4月，荣获河南日报评选“新中国成立70周年河南高等教育十大功勋人物”。

2019年6月，在校接待4名新疆维族乡亲，感谢王淑芳董事长为村里捐资修建卫生院。

2020年9月，被河南日报社评为“2020年度十大黄河教育人物”。

2020年12月，被巩义市大峪沟镇人民政府授予“情系桑梓”匾牌。

2021年1月，被中共巩义市大峪沟镇海上桥村总支部委员会授予“终身荣誉村民”。

2021年3月，担任郑州升达经贸管理学院第三任董事长。

2021年5月，被河南日报社评为“河南高等教育功勋人物”。

致 谢

我的这本八十自述:《梅花香自苦寒来——从颠沛流离到民办大学董事长》一书，曾经在我脑海中酝酿数载，又历经三年终成书，心中感慨万千，今天即将付梓，要特别感谢那些曾经鼓励、支持、帮助我的领导、亲人、朋友和同仁!

感谢北京师范大学原校长钟秉林教授，在百忙之中欣然为本书作序。我与钟教授仅有一面之缘，那是2016年学校邀请他到升达学院指导讲学，我们相谈中国民办教育、介绍升达学院和我的父亲——学院创办人王广亚博士，他学识渊博、指导精准、对民办教育非常支持，令我十分感动、十分敬仰!

感谢我的儿子、学校执行董事王新奇，在我写书过程中帮助搜集资料、追忆往事，为本书的正式出版积极多方联系!

非常感谢学校党委书记雷霆，欣然接受并邀请了专家、河南大学文学院党委书记葛本成，他们为本书稿做出了认真、细致的批阅，提出了非常中肯、有见地的修改意见!

感谢校刊编辑部原主编王光汉、校刊编辑部主编陈军、文法学院院长段丰乐等诸多同仁，他们为本书的文字整理、资料收集、文字校对、编辑出版付出了大量辛勤劳动!

感谢有你，感谢有你们!